改訂五版

実務に活かす印紙税の知識

木村剛志 著

税務研究会出版局

はしがき

この小書は、印紙税法に関する、いわゆる体系書や税法自体の解説書ではありません。印紙税というものについて、従来の体系書や解説書とは違った角度からみるという趣旨で一貫して〝読み物〟的にまとめてみました。

そのため、その内容も単発的にあるいはグループ別に捉え、これまでの印紙税の税務調査で指摘されたものや当局に対する質問などで問題となったもの、さらにはこれまでに間違いが多いといわれている文書を中心に話を進め、どのような点に誤りや問題があるのか、あるいは税務調査で指摘されているのかを見極め、どのようにすればそのような誤りや指摘をなくすことにつながり、正しく印紙税を納めることになるのかを、できるだけ細かく記述することに意を用いたつもりです。

印紙税法は全文二十七条で、税法の中では条文が少なく、また、問題となるべきことがらはそのほとんど、百％といってもいいのですが、課税される文書になるかどうか、つまり印紙をはるべき文書になるのか、あるいは印紙をはる必要はないのかという、いわゆる課否の判断に関することがらです。

このことから、この小書は、課税文書に対する正確な知識、つまりどのようになっている文書に印紙をはり、同じような文書でも、どのようになっている文書には印紙をはる必要はないのかの記述で大半を占めています。

印紙をはるべき文書に当たるかどうかを正しく理解し、実務に活かしていただくため、その知識習得の一助ともなればと思い、この小書を発刊することとしましたので、軽い気持でお読みいただければと考えております。

なお、巻末には印紙税全体がわかるように、そのあらましを附しておりますので参考にしてください。

平成七年九月

著者

改訂に当たって

平成九年度の税制改正において、住宅・土地等の取引の活性化を図るということから、平成九年四月一日から平成十一年三月三十一日（【編注】その後の税制改正において平成三十二年三月三十一日まで延長されています。）までの間に作成される「不動産の譲渡に関する契約書」と「建設工事の請負に関する契約書」のうち、その契約書に記載された契約金額が一千万円を超えるもの（【編注】平成二十六年四月一日から平成三十二年三月三十一日までの間に作成されるものについては、その契約金額についての範囲が拡大され、税率の引下げが行われることとされています。）については、はるべき印紙の額が軽減されることになりました。そのため、その具体的な内容や適用関係について、Ｐａｒｔ８　軽減税率が適用される不動産譲渡契約書、建設工事請負契約書という項を設けてまとめるとともに、これに関連する部分を改訂しました。

また、平成九年四月一日から消費税率の引上げが行われ、新たに地方消費税が創設されたこと（【編注】平成二十六年四月一日から、更に平成三十一年十月一日から、それぞれ消費税率および地方消費税率の引上げが行われ、また、行われることとされています。）から、その部分について改訂を加えたほか、随所で必要な改訂を行いました。

平成九年八月

著者

改訂三版に当たって

平成十五年度の消費税法の一部改正（総額表示の義務付け）に伴い、印紙税法基本通達における消費税および地方消費税の金額の区分記載の取扱いについて一部改正が行われたことから、その部分について改訂を加えたほか、随所で必要な改訂を行いました。

平成十七年十一月

著者

改訂四版に当たって

改訂三版の発刊後において印紙税法等の一部改正が行われた部分について改訂を加えたほか、随所で必要な改訂を行いました。

平成二十五年五月

著者

改訂五版に当たって

改訂四版の発刊後において印紙税法等の一部改正が行われた部分について改訂を加えたほか、随所で必要な改訂を行いました。

平成三十年八月

著者

目次

Part 1 ばかにできない印紙税……（一）
――きびしい税務調査とペナルティ――
一　印紙税への強い関心（三）
二　印紙税の節税すすむ（四）
三　税務調査はきびしい（五）
四　印紙税の税務調査の体系（七）
五　税務調査の方法（八）
六　税務調査の結果をみれば……（一一）
■大幅に増えた不納付税額（一一）
七　不納付の一例とその対応策（一三）
八　軽視すれば思わぬ重課（一七）
九　生兵法はけがのもと（一九）

Part 2　記載の仕方で違う印紙税額……………………………（二三）
——記載金額のある文書の場合——

一　定額税率と階級定額税率（二四）
二　記載金額とは（二七）
三　記載金額を分割できるとき（その一）（二九）
四　記載金額を分割できるとき（その二）（三三）
五　変更契約書の記載金額はどうなるか（三四）
■原契約の契約金額と増加または減少する契約金額が記載されている場合（三五）
■変更前の契約金額の記載のある文書が作成されていることが明らかな場合とは（三八）
■継続する取引についての契約書とその変更契約書（四〇）
六　記載金額が明示されていなくても……（四五）
■単価と数量により記載金額が計算できる場合（四六）
■単価か数量の一方のみの記載のとき（四八）
七　見積書や注文書からも判断される（四九）
八　受取書の記載金額をめぐって（五〇）

■手形や小切手の受取書（五〇）
■請求書番号などを記載した受取書（五二）
■売上代金の金額と売上代金以外の金額とをあわせて受け取った場合の受取書（五三）
■売上代金とは（五四）
九　消費税および地方消費税の金額が区分記載された契約書や受取書（五六）

Part 3　印紙をはる・はらないの別れ道……（六一）
――課税文書の判断のしかた――

一　課否は実質判断による（六二）
■名称や呼び方だけに限らない（六二）
■形式からみた実質判断ということ（六三）
■作成目的と証明の効用（六四）
二　謄本、副本、写、コピーなどはどう扱われるか（六六）
■印紙は作成文書全部にはるのが原則（六六）
■課税になる謄本、写、副本（六七）
■コピーには印紙の必要はない（六九）

■ファックスや電子メールによるものはコピーと同様である（七〇）
三　一つの文書の個数は形式で判断される（七二）
■一つの文書とは（七三）
■契約書に後日追記等したとき（七四）
■証書と帳簿の違い（七五）
四　共同作成の文書というもの（七六）

Part 4　契約書をめぐって……（七九）

――その範囲と印紙税で重要なもの――

一　代表的課税文書としての契約書（八〇）
二　請負契約書とその周辺（八三）
■請負契約書にもいろいろある（八三）
■請負と売買はどこが違う？（八六）
■製作物供給契約というもの（八八）
■請負に関する契約書となるもの（八九）
■売買契約書とされるもの（九〇）

■請負は委任などとも似たところがある（九二）
■請負に関する契約書の記載金額（九四）
三　「継続的取引の基本となる契約書」の範囲（九六）
■「継続的取引の基本となる契約書」とは（九八）
■第一グループ——特約店契約書（一〇〇）
■第二グループ——代理店契約書（一一二）
■第三グループ——銀行取引約定書（一一七）
■第四グループ——信用取引口座設定約諾書（一一八）
■第五グループ——保険特約書（一一九）
■「継続的取引の基本となる契約書」は他の契約書にも当てはまるが……（一二〇）

Part 5　間違いやすい文書ワンポイント（その1）…………（一二五）
——契約書となるもの、ならないもの——

一　受取書などが契約書とされるとき（一二六）
■「金銭の受取書」の周辺（一二七）
■売上伝票も処理のしかた次第では「受取書」に（一三〇）

■物の受取りがからんだ話（一三三）
■金銭の「預り」と「受取り」の関係（一三五）
■一、〇〇〇円の預り証でも二〇〇円の印紙（一三七）
■預り期間などを記載すれば……（一三九）
■修理品などの預り証はどうなる（一四〇）
■「承る」のは「請負」になる（一四一）
二　申込書、注文書なども記載内容次第で（一四五）
■自動的に契約が成立することとなる申込書などは契約書とされる（一四六）
■見積書に基づく注文書も契約書とされる（一四八）
■注文書に双方の署名等があるものは……（一五〇）
■発注伝票に受注印を押せば……（一五三）
■仕様書も契約書になることが……（一五五）
三　通知書なども契約書になり得る（一五八）
■「貸付決定通知書」でも印紙がいるものがある（一五九）
■単価協定書はどう扱われる（一六一）
■「単価決定通知書」にもいろいろある（一六四）
■契約の証とされる注文書、納品書（一六六）

■値引承諾書、値引通知書などの考え方（一六七）
■値引明細書、値引承認書（一六八）
■宿泊申込請書も契約書に（一六九）
■債務の保証に関するあれこれ（一七二）
四　会社と社員間で作成される文書で課税されるもの（一七六）
■住宅資金借用証はどう扱われる（一七六）
■勤務先預金の受入れについて作成する文書は……（一七八）
■勤務先預金受入票、勤務先預金受入明細表（一八二）
五　保証金の受入れ条項のある文書（一八四）

Part 6　間違いやすい文書ワンポイント（その2）

――課税される文書、されない文書――……………（一八九）
一　印紙のいらない「営業に関しない受取書」（一九〇）
■サラリーマンなどが発行する受取書（一九〇）
■会社や個人商店の発行する受取書は……（一九一）
二　金銭または有価証券の受取書（一九三）

三　ゴルフ会員券、学校債券（一九五）
四　配当金領収証、配当金振込通知書と配当金計算書など（一九九）
五　通帳、判取帳というもの（二〇一）
■一枚の紙片でも通帳とは……（二〇二）
■おなじみの家賃の受取通帳にも印紙税（二〇五）
■判取帳とは（二〇六）
六　課税廃止になった物品売買契約書や委任契約書など（二〇九）

Part 7　印紙のはりすぎ、はり忘れ、過怠税

Part 7　印紙のはりすぎ、はり忘れ、過怠税……………………（二一三）
一　印紙税の納め方（二一四）
二　印紙の消印（二一五）
三　印紙のはりすぎ、はりまちがい（二一六）
四　はり忘れには過怠税（二一八）

Part 8　軽減税率が適用される不動産譲渡契約書、建設工事請負契約書……（二二一）
一　軽減税率が適用される契約書（二二二）
■記載された契約金額が一定の金額を超えるものに適用（二二二）
■建設工事の具体的範囲（二二三）
二　軽減税率が適用になる契約書、ならない契約書（二三〇）
■その判定はどうする？（二三〇）
■軽減税率が適用になる契約書（二三一）
■同一の号の文書の場合（二三二）
■建設工事の請負に関する事項とそれ以外の請負に関する事項が記載されている文書（二三三）
■変更契約書や補充契約書は（二三四）
■軽減税率が適用にならない契約書（二三五）

【附録】　印紙税のあらまし（二三七）
印紙税額一覧表（二五九）

Part1

ばかにできない印紙税

——きびしい税務調査とペナルティ——

2

一　印紙税への強い関心

印紙税に対して企業が強い関心を示し出してきたのは、印紙税の税率の基本が文書一通につき、一〇〇円から二〇〇円に二倍に引上げられた昭和五十六年五月頃からだと思います。

この印紙税の税率の引上げにともない、政府は、印紙収入について、昭和五十五年度に八、四〇九億円であったものを、昭和五十六年度の当初予算で一兆三、八二〇億円に、また、昭和五十七年度の当初予算では一兆五、五四〇億円にと、大幅な増収見積りをしました。

しかし、ふたを開けてみますと、印紙収入は見積もったほどには伸びず、昭和五十六年度の当初予算額一兆三、八二〇億円は年の中途で一、〇〇〇億円減額されて一兆二、八二〇億円の予算額となったものの、その決算額は、結局は一兆一、七二九億円と大幅に減少してしまいました。

昭和五十七年度も、当初予算額一兆五、五四〇億円が一兆二、四三〇億円と、大幅に減額した補正予算が組まれ、その決算額は一兆二、六二七億円となっています。

ところが、この傾向は、昭和六十一年度まで続きましたが、その後、印紙収入は、昭和六十二年度から急激に増加し、昭和六十三年度は、予算額が二兆六六〇億円、決算額一兆九、三三三億円となり、また平成元年度は、当初予算額が一兆八、四九〇億円、決算額一兆九、六〇一億円となっています。昭和六十二年度からの印紙収入増加の原因は、いわゆるバブル景気で、土地高騰による取引金額や、取引回数の急増により登録免許税が大幅増収となったためです。

その後、平成二年度は一兆八、九四四億円でそれ以降は、一兆五、〇〇〇億円台まで落込みました。平成六年度から上向きに推移しかけたものの、その後再び落込み、平成三十年度の当初予算額は一兆五四〇億円となっています。

印紙収入の推移

年度	
昭和61	15,758億円
62	18,221
63	19,323
平成元	19,601
2	18,944
3	17,488
4	15,706
5	15,991
6	17,519
7	19,413
8	19,693
9	16,811
10	16,084
11	15,615
12	15,318
13	14,288
14	13,638
15	11,651
16	11,350
17	11,688
18	12,181
19	12,018
20	10,884
21	10,676
22	10,240
23	10,469
24	10,777
25	11,261
26	10,350
27	10,495
28	10,791
29	10,920（当初予算額）
30	10,540（当初予算額）

（注）平成28年度までは決算額

ちなみに、印紙収入は、印紙税の収入のみではなく、登録免許税、各種の手数料など、印紙のはり付けや現金納付による収入が合算されています。このうち、印紙税の収入がどれだけとなっているかは明らかではありませんが、平成二十九年度の予算額（一般会計）に占める印紙収入の割合についてみますと、一般会計の国税の租税収入五七兆七、一二〇億円のうち、印紙収入が一兆九二〇億円（全体の租税収入に対し約一・八％）となっています。

二　印紙税の節税すすむ

印紙税の収入の増減は、経済活動の好不調も影響しますが、印紙税の節税がかなり進んでいるということも大きな原因のようです。

昔のように、最低税率が一〇円、二〇円、五〇円という時代や、やや高くなったと考えられた一〇〇円の時代でも、それほど大した額ではなく、印紙税というものに対してそう大きな関心は示されなかったと言ってよいでしょう。

しかし、最低税率が一〇〇円から二〇〇円へと二倍にもアップされた昭和五十六年頃からは、印紙税の負担が一挙に重みを増してきました。

大手企業では何億円、企業によっては何十億円、中小企業でも相当額の印紙税を納めていて、納めている印紙税額の大きさに改めて驚いているというのが現実のようです。

また、その時代の経済状況を反映して企業のリストラや合理化を進めるためにも印紙税に対する関心が大きくなってきています。

したがって、各社の節税対策も急速に進んでいることや、手形、株券など文書の電子化などもあり、これが印紙収入にも影響しているようです。

例えば、何通も作成していた各種の契約書については、原本を一通のみ作成し、他に必要なものは複写《コピー》して間に合わせるとか、取引先との金銭の受渡しに当たって、そのつど受取書を作成していたものを通帳にするとか、あるいは不必要な文書の作成をやめるとか、注文書に対して注文請書を出していたのを、その発行を省略するとか、いろいろな方法が考えられています。

これらの具体的な節税方法については、Ｐａｒｔ２以下でふれます。

三　税務調査はきびしい

印紙税法は明治六年から施行されていてその歴史が古く、契約書や領収書に印紙をはらなければならないことは大抵の人は知っており、広く国民に定着している税金だといえます。

それにもかかわらず、昭和五十六年五月までは、一通当たりの最低税率は一〇〇円で、その負担も少なく、一般に大した税金ではないと考えられていました。

税務当局でも、一通当たりの税額や印紙収入それ自体の全体の税収に占める割合が低く、一方で

6

は所得税や法人税などの調査に忙しく、事実上印紙税の調査まで手が回らないこともあり、また、印紙をはっていないものを見つけても、少額であることから、目くじらを立てて追及することもなかったようです。

ところが、昭和五十六年五月に税率が二倍に引き上げられ、国の収入に占める印紙収入の割合が高くなり、一方において納税者の節税対策が進み、印紙収入が思うように伸びなくなってくると、印紙税の調査をそのまま従来どおり放置することには問題があるとし、大手企業を中心として、その調査を進めるようになりました。

その結果、従来一般に広く定着し、全体としてほぼ正しく納められていたと考えられていた印紙税が、かなり納付されていないことも判ったようです。

例えば、契約書や領収書という型にはまったものは概して正しく納められていると思われていても、担当者の不注意や勉強不足、あるいは印紙税への無関心から印紙がはられていないものがあり、一方契約書であれば何でも二〇〇円の印紙をはればよいものと簡単に認識しているものもあります。

また、同じ契約書や領収書になるものであっても、その標題が「覚書」や「証」となっているもの、あるいは売上伝票や請求書に(了)や[相済]の印を押したものなど、ちょっと異なるものには印紙がはられていないようで、印紙税が思ったほどには一般に定着していないことが調査によって判りました。

こうして、印紙税の税務調査が強化され、本腰を入れた調査が行われてきているのです。

四　印紙税の税務調査の体系

印紙税法では、印紙税のかかる文書に正しく印紙がはられているかどうかを調査できるよう、税務職員に対して、その権限が与えられています。

印紙税の調査は、企業の大小などにより国税局か税務署の職員が行うこととなっています。具体的には、国税局の職員が調査する企業としては、資本金が五〇億円以上の会社と、資本金が五〇億円未満の会社などで特に指定するものです。資本金五〇億円未満の会社で特に指定するものは、各国税局（全国に十一と沖縄国税事務所があります。）の判断によって指定されることになります。国税局の担当セクションは、課税部あるいは課税二部の間接諸税担当調査部門です。

また、これら以外の会社や信用金庫、農業協同組合などの会社以外の法人、あるいは個人は、原則として税務署の法人課税部門や法人調査担当特別調査官などが調査する態勢になっています。

国税局の調査の対象となる企業に対しては、国税局からその旨の通知がありますから、国税局からの通知がなければ税務署の管轄ということになります。

印紙税の調査は、企業の本社だけではなく、支店や出張所、あるいは営業所などに対しても行われます。

そこで、このような調査の態勢をとっていることからみて、国税局の間接諸税担当調査部門には、法人税や消費税の調査の権限はなく、間接諸税担当調査部門では印紙税の調査（印紙税のほか揮発油税などの、いわゆる間接諸税の調査の権限もあります。）が独自に行われることになります。法人税や消費税の調査は、国税局の場合は調査部で行われていて、国税局の調査部では印紙税の調査は行われず、法人税や消費税の調査において印紙がはられていない文書をみつけたときには資料情報として集められます。

また、税務署での印紙税の調査は、所得税や法人税または消費税の調査と同時、あるいは印紙税の調査のみが行われることもあります。

五　税務調査の方法

印紙税の調査は、基本的には印紙税が正しく納付されているかどうか、つまり、印紙税がかかる文書に印紙が正しくはられているかどうかを調査するものです。

このことから、印紙税の調査は、作成された文書や受け取った文書を中心に調査が進められることになります。

印紙税の調査を、自社で作成されている文書と、他社から受け取っている文書に分けて、その調査の進め方をみますと、おおむね次のとおりです。

まず、自社で作成されている文書については、

① 決算書類や稟議書などの帳簿書類から土地や建物、設備などの資産の売買状況や工事の実施状況などをみて、それによる契約書やその他の書類を作成しているかどうか、作成しているとしたら印紙がはられているかどうかを確認する、

② 社内規則、文書規程、様式集、印鑑捺印簿などから契約書やその他の書類の作成状況をみて、それに印紙がはられているかどうかを確認する、

③ 総務、営業、財務、経理などのセクションや支店、営業所、工場などの現場で、文書の作成状況をみて、その作成されている文書に印紙がはられているかどうかを確認する、

などの方法によって税務調査が進められます。

また、会社の印紙の購入状況と作成している契約書やその他の書類に対する印紙の使用状況を比較するなど、大数的な面での調査も行われます。

その結果、印紙がはられていない文書があると思われる場合には、その印紙のはられていない文書の通数や交付先などの調査が行われることになります。

ただ、印紙がはられていない文書があると思われる場合には、指導的な立場で企業側の自主的な監査に委ねられることがあります。

次に、得意先などから交付を受けている文書については、各セクションごとに、重要書類綴り、各種の証拠書類綴りなどによって保管されている文書やその他の書類の調査が行われ、その中に印

紙税のかかる文書があれば、正しく印紙がはられているかどうかを確認することになります。

その結果、印紙がはられていない文書が確認された場合には、印紙がはられていないことの確認証が徴され、過怠税が徴収されることになります。

得意先など他社によって作成された文書に印紙がはられていないときには、その印紙がはられていない文書などについて、得意先など他社の所轄税務署長に通知され、得意先などが過怠税を納めることになります。

ただ、このような場合は、たまたまその文書だけが印紙をはっていなかったとは考えられず、他の会社に発行したものも印紙をはっていないものと考えられますから、その文書だけの過怠税にとどまらず、得意先に対して新たな印紙税の調査が行われ、全体が把握されることになるでしょう。

印紙税の調査も、法人税や所得税などの調査と同様、決まった型があるわけではありません。

いま説明しましたのはオーソドックスなもので、それぞれの企業の業種や規模によって、また、調査担当者によって異なるものです。

税務調査には、的確に対応でき、的確に要領よく説明できる者が立会うことが、まず肝要でしょう。

六　税務調査の結果をみれば……

■大幅に増えた不納付税額

かなり古い（最近は発表されていません。）のですが、昭和五十九年秋、国税庁が発表した印紙税調査結果では、昭和五十八事務年度（昭和五十八年七月一日〜昭和五十九年六月三〇日）において、ほぼ前年度並みの三万六、三五〇事業所に対して調査したところ、その半分の一万八、三〇五事業所が、多かれ少なかれ何らかの間違いをして印紙税を納めていなかったとされています。

一万八、三〇五事業所から発見された不納付文書（はるべき印紙がはっていない文書）は一六、八八三千通で、これは昭和五十五事務年度の九・七倍となっています。

不納付税額も、その五十五事務年度の四億五、五一〇万円から、四六億七千万円に急上昇し、不納付税額があった場合に追徴される過怠税も、五五億一、六〇〇万円と調査の強化ぶりがうかがわれます（最近では一年間で三十三億円程度ともいわれています。）。

また、一事業所当たりの不納付文書数は、昭和五十五事務年度の二一五通から九二四通と四・三倍、不納付税額は、五万六、〇〇〇円から二五万二、〇〇〇円と四・五倍になっています（最近では九万九、〇〇〇円程度ともいわれています。）。

不納付税額の多い文書作成者を業種別にみますと、銀行が六億六〇〇万円とトップで、以下二位が農業・漁業協同組合の四億八、五〇〇万円、三位が信用金庫・信用組合の四億三、一〇〇万円などです。

もちろん、この業種には例年不納付税額が多いという意味ではありません。その年の調査先次第でこの数字は変わってきます。ある業種の事業所のある文書に間違いがありますと、同業種の他の事業所のその文書について、一斉に調査されることになるようです。

不納付文書が多いのは、全体としても作成される数の多い金銭または有価証券の受取書（領収書、受取書）をはじめとして、請負に関する契約書（注文請書、受注票）、継続的取引の基本となる契約書（取引基本契約書）、金銭の寄託に関する契約書（預り証）のようです。

また、不納付税額が多いのも、金銭または有価証券の受取書、請負契約書、継続的取引の基本となる契約書、金銭等の寄託契約書などとなっているようです。

聞くところによりますと、一般の企業にも不納付文書が多く発見されていて、例えば、建設業では請負契約書やその変更契約書に、製造業や物品販売業では継続的取引の基本となる契約書に、百貨店などの小売業では金銭の受取書に、不納付文書が多いようです。

そのため、税務調査も幅広く行われているようです。

七　不納付の一例とその対応策

印紙税は、わが国では明治六年から存在していて、その歴史は古く、契約書や受取書に印紙をはらなければならないことは大抵の方は知っていて、その点では広く経済社会に定着している税であるといえましょう。

しかし、一方、文書一通当たりの印紙税額二〇〇円という少額であり、企業においても専門的な担当部門がないことから、案外軽視されて、それぞれの担当者の一般的知識の範囲内で処理されていることから、意外に誤りが多く見受けられ、中には過大に印紙がはられている例もあるようです。

税務調査の結果でも、もともと誰が見ても印紙をはらなければと思う受取書に、忙しさにまぎれてか、あるいは担当者の知識不足やうっかりしてか、印紙をはっていないものがあるようです。発行する受取書の一割に印紙をはらなかったとしても、その発行枚数が多ければ思わぬペナルティとなります。

また、印紙をはらなければならない文書であることを、全く知らずに印紙をはっていない例も多いようです。印紙をはらなければならない文書であることを知っておれば何らかの工夫がされ、節税されたのにと思われます。

ただ、中には節税対策の行き過ぎによる不納付を指摘されている例もあるようで、どちらにしても行き過ぎはどうかと思われます。

契約書や受取書には印紙をはらなければならないということを知っていながら、それは形式的なものであるという理解をしていて、契約書や受取書、あるいはこれと同様の文言のもの、例えば契約証書や領収書というようなものには印紙をはらなければならないと思いつつも、そのような文言のないものは、印紙をはる必要はないと理解している向きもあるようです。

事務の合理化や機械化により、帳票類も伝票化し、典型化されたものが多く作成されていますが、伝票類であればどのような文書でも印紙をはる必要はないと考えている例もあります。

注文請書を受注伝票と変えたり、契約書という標題を確認票、あるいは打合票、通知票と変えることによって印紙をはる必要はないと考え、不納付となっている例も見受けられるようです。

ここで、不納付の一例を挙げ、コメントしてみます。

◎「契約書」や「契約証書」という標題の文書には印紙をはらなければならないが、「覚書」、「念書」、「証」、「確認書」と称する文書は印紙をはる必要はない、あるいは最低の二〇〇円の印紙をはり付けておけばよい。

コメント　「覚書」、「念書」、「証」、「確認書」などと称する文書であっても、また、その名称はどうであっても、その記載の内容によって印紙をはらなければならない文書であるかどうかを判断することになります。

◎「仮契約書」、「仮証」、「仮領収証」、あるいは名刺の裏などを利用した領収証は、後日、本契約書や本領収証が作成されることから、印紙をはる必要はない。

コメント　印紙税は、たとえ一つの取引について数通の契約書などが作成されても、また仮契約書と本契約書の二通が作成される場合であっても、いずれも印紙をはる必要があります。

◎「注文書」、「申込書」、「依頼書」などと称する文書は、契約の成立などを証する契約書にはならないので、印紙をはる必要はない。

コメント　「注文書」、「申込書」、「依頼書」などと称する文書は、一般には印紙税がかかる文書ではありませんが、その記載の内容によって印紙をはる必要がある文書になるものもあります。

◎「変更契約書」は、すべて二〇〇円の印紙をはり付ければよい。

コメント　その記載の内容によってはり付ける印紙の額は異なることがあり、一律に二〇〇円の印紙をはり付ければよいというものではありません。

◎「通知書」、「通知票」、「連絡書」などと称する文書は、契約という文言を用いておらず、単なる通知、あるいは連絡のための文書として印紙をはる必要はない。

コメント　「通知書」、「通知票」、「連絡書」などという文書であっても、契約の申込みに対して、承諾の意思表示を記載内容とする文書は、契約の成立などを証すべき文書、つまり契約書になります。

◎現金販売の場合にお客に交付する「お買上票」、「清算票」、「明細書」などと称する文書は、お買上げ商品などの明細を記載したものであって、印紙をはる必要はない。

コメント　現金販売の場合にお客に交付する「お買上票」、「清算票」、「明細書」などと称する文書は、その標題が受取書、あるいは領収書とはなっておらず、また、文書の中に金銭を受領した旨の文言はありませんが、文書の記載の内容、形態、発行状況などからみて、当事者間においては、一般に買上げ代金の受領事実を証するものであると認識されていることから、売上代金に係る金銭の受取書になります。

このような不納付事例の中には、印紙をはらなければならないものに印紙をはっていないというような、ある程度印紙税を知っていれば、過怠税をとられなくともすんだものもかなり多いようです。

印紙税は文書に課税される税金です。書き方などによって印紙をはらなければならなかったり、はる必要がなかったりということがあり得るのです。

印紙をはる必要があるかどうかは、単に標題などにこだわらず、その記載内容を十分検討する必要があります。

そのためには、一定の時期において特定のセクションによって、それまでに作成された契約書類や帳票類に対する印紙税の納付の有無について総点検を実施することが考えられます。

それによって、作成する文書を見直し、不必要な文書や役に立たない文書、重複している文書などは削減するなり、発行を廃止し、あるいは省略することを考える必要があります。

また、多量に、あるいは継続して作成する文書については、文書担当、あるいは法規担当セクションにおいて一元的に審査や点検するなどの方法を実施することが考えられます。

八　軽視すれば思わぬ重課

さらに注意すべきことは、不納付により追徴される過怠税は、ペナルティであって、法人税や所得税の計算上、まるまる損金不算入であり、また必要経費にはならないということです。

すなわち、印紙税の場合には、あらかじめ納付する印紙税はまるまる損金や必要経費になりますが、不納付の場合は、他の税金と違い、本税相当額を含めた過怠税が損金不算入などとなるということです。

平成三十年度について、法人所得を一〇〇とした場合に課される税率（「実効税率」といいます。）を計算してみますと、経費にみられる事業税相当額を控除した残額が法人税と事業税の課税標準となり、法人税から地方法人税、法人住民税、法人事業税までの税負担割合、すなわち実効税率は、二九・七四％となっています。

要するに一〇〇万円の法人所得に対する税負担は二九万七、四〇〇円であるということです。

二〇〇円の印紙をはるべき文書一、〇〇〇通に印紙をはっていない場合、この印紙税額は、二〇〇円×一、〇〇〇通＝二〇万円となります。過怠税は、二〇万円の三倍の六〇万円ですから、この六〇万円は、損金不算入となり、法人税等が一七万八、四四〇円加重される結果、税負担は、七七万八、四四〇円ハネ上がってしまうことになります。

本来、正しく印紙税を納付すれば二〇万円ですんだものが、五七万八、四四〇円もの冗税を追徴され、三・九倍弱もの負担増となります。

仮にこれが自主的な申出の場合であっても、二〇万円×一・一倍＝二二万円が過怠税となり、これに二二万円×〇・二九七四＝六万五、四二八円が加重され、二八万五、四二八円（本税の一・四三倍）となります。

メモ 自主的な申出の場合の過怠税は、一・一倍となっています。なお、二一九ページを参照してください。

印紙税といえども、ひとつミスをすれば、かなりの税負担となることがおわかりと思います。

現在の印紙税の調査は、指導という面もかなり重視されています。自主申出制度という軽減措置をフルに活用すれば、その処分にかなりの配慮がされているといわれています。

しかし、場合によってはストレートに三倍の過怠税が徴収されることも予想されますので、印紙税といえども軽視すれば思わぬ重課を負わされますから、くれぐれも注意すべきでしょう。

九　生兵法はけがのもと

税務調査の結果では、印紙をはらなければならないことを会社がはじめて知ったものや、ちょっとした様式の変更で印紙をはらなくてもよかったもの、余分なことを書いたばっかりに印紙をはる必要がでてきたものなどが多く見られます。

このうち、もともと誰がみても印紙をはらなければならないものに印紙をはっていない例は、忙しいとか、あるいはうっかりしたり、担当者の知識不足などによることもあるようですが、これはさておき、印紙をはらなければならないことを知らなかったという例も多いようです。

つまり、印紙をはらなければならないことを知らずに何万通も発行しており、指摘を受けてびっくりすることとなり、知っておれば何か工夫があったのにというケースです。

印紙税の知識をいくらかでも持っておれば、三倍もの過怠税をとられずにすみ、また、その記載の仕方や様式によってははじめから印紙をはる必要がなかったものもあったことと思います。

でも、あとの祭りです。

税金は正しく納めなければならないことは当然のことです。と同時に納める必要のないものまで納めることはありません。

これは印紙税についても同じです。正しい知識をもって正しく納めるとともに、不要なものまでも納める必要はないのです。

重要な文書には、印紙をはらなければならないと一般には考えられています。

基本的にはそのとおりです。

問題は、どれが重要な文書であるかという判断がなかなかむずかしいということです。

自分ではあまり重要でなく、印紙をはる必要がないと思っていても、税務調査によって指摘されてはじめて印紙がいるとわかったという例をよく聞きます。

また、近年、事務の合理化や機械化により、帳票類も伝票化し、典型化されたものが多く作られていますが、伝票類にはどのようなものであっても印紙はいらないと考えている例もあります。

極端な例では、契約書には印紙がいるので、その契約書という標題を確認書や通知書と変えたり、注文請書を受注伝票と変えたりして、印紙をはる必要がないと勝手に考えている場合も多いようです。

生兵法はけがのもとです。

印紙税を正しく理解し、納付すべきものは納付し、納付する必要のないものは納付しなくてもすむ方法を考え、後日の税務調査などでトラブルのないようにしたいものです。

Part2　記載の仕方で違う印紙税額

——記載金額のある文書の場合——

一　定額税率と階級定額税率

印紙税の課税文書に対する税率のきめ方としては、文書に記載された契約金額などに関係なく、一律に二〇〇円など一定の金額とする、いわゆる「定額税率」といわれるものと、記載された契約金額などに応じて税額が異なる、いわゆる「階級定額税率」といわれるものがあることは、よくご存知のところでしょう。

この階級定額税率が適用される文書は、次のとおりです。

① 不動産、鉱業権、無体財産権、船舶もしくは航空機または営業の譲渡に関する契約書
具体例――不動産売買契約書、不動産交換契約書、鉱業権売買契約書、特許権譲渡契約書、船舶譲渡契約書、営業譲渡契約書、不動産売渡証書など

② 地上権または土地の賃借権の設定または譲渡に関する契約書
具体例――地上権設定契約書、土地賃貸借契約書、借地権譲渡契約書など

③ 消費貸借に関する契約書
具体例――消費貸借契約書、金銭借用証書、消費貸借変更契約書、消費貸借予約契約書、限度貸付契約書など

④ 運送に関する契約書
具体例――運送契約書、貨物運送引受書など

⑤ 請負に関する契約書
具体例――工事請負契約書、工事注文請書、製品加工契約書、修理契約書、請負金額変更契約書など

⑥ 約束手形または為替手形

⑦ 株券、出資証券もしくは社債券または投資信託、貸付信託、特定目的信託もしくは受益証券発行信託の受益証券

⑧ 売上代金についての金銭または有価証券の受取書
具体例――商品代金の受取書、建物の譲渡代金や賃貸料の受取書、請負代金の受取書など

この階級定額税率とされる文書は、その記載金額のいかんによって、はるべき印紙の額が当然に異なってきます。

例えば、売上代金についての金銭または有価証券の受取書についてみてみましょう。

売上代金についての金銭または有価証券の受取書で、受取金額の記載のあるものにはるべき印紙の額は、次のようになっています。

記載された受取金額が、

五万円未満のもの	非課税
五万円以上一〇〇万円以下のもの	二〇〇円
一〇〇万円をこえ二〇〇万円以下のもの	四〇〇円
二〇〇万円をこえ三〇〇万円以下のもの	六〇〇円
三〇〇万円をこえ五〇〇万円以下のもの	一、〇〇〇円
五〇〇万円をこえ一、〇〇〇万円以下のもの	二、〇〇〇円
一、〇〇〇万円をこえ、二、〇〇〇万円以下のもの	四、〇〇〇円
二、〇〇〇万円をこえ三、〇〇〇万円以下のもの	六、〇〇〇円
三、〇〇〇万円をこえ五、〇〇〇万円以下のもの	一万円
五、〇〇〇万円をこえ一億円以下のもの	二万円
一億円をこえ二億円以下のもの	四万円
二億円をこえ三億円以下のもの	六万円
三億円をこえ五億円以下のもの	一〇万円
五億円をこえ一〇億円以下のもの	一五万円
一〇億円をこえるもの	二〇万円

また、売上代金についての金銭または有価証券の受取書で、受取金額の記載のないものにはるべき印紙の額は二〇〇円です。

したがって、記載された受取金額が三億五、〇〇〇万円の売上代金の金銭の受取書を作成する場合についてみますと、その金銭の受取書には、一〇万円の印紙をはらなければなりません。

もうひとつ、請負に関する契約書にあてはまる「注文請書」についてみてみますと、例えば、六億円の請負契約金額が記載された注文請書だと、二〇万円（建設工事に係るものである場合は平成二十六年四月一日から平成三十二年三月三十一日までは後述する軽減税率の適用により一六万円）の印紙をはることになります。

同じように約束手形や為替手形を発行するときでも、その記載された手形金額によってはるべき印紙の額が異なります。

二　記載金額とは

ここで、記載金額とはどういうことをいうのかなどについてふれておきましょう。

一般に記載金額とは、その文書に記載されている契約金額、券面金額、受取金額その他その文書によって証されるべきことがらについての金額をいいます。

具体的には、

不動産、鉱業権、無体財産権、船舶もしくは航空機、地上権もしくは土地の賃借権または営業の譲渡に関する契約書や債権譲渡に関する契約書の場合――譲渡の形態に応じて、売買による譲渡……売買金額、交換による譲渡……交換金額（交換対象物の双方の価額が記載されているときはいずれか高い方（等価交換のときはいずれか一方）の金額を、交換差金のみが記載されているときはその交換差金をいいます。）、代物弁済による譲渡……代物弁済により消滅する債務の金額、法人などに対する現物出資による譲渡……出資金額、これら以外による譲渡……譲渡の対価である金額

(注)　贈与契約による譲渡の場合は、契約金額はないものとなります。

地上権または土地の賃借権の設定に関する契約書の場合――設定の対価たる金額（権利金などをいい、賃貸料や後日返還されることが予定されている保証金、敷金などは契約金額にはなりません。）

消費貸借に関する契約書――消費貸借金額（利息は含みません。）

運送に関する契約書――運送料や用船料

請負に関する契約書――請負金額

約束手形や為替手形――手形金額

株券、出資証券もしくは社債券または投資信託、貸付信託、特定目的信託もしくは受益証券発行信託の受益証券――券面金額

預貯金証書――預入金額

債務引受けに関する契約書――引き受ける債務の金額

配当金領収証や配当金振込通知書――配当金額

金銭または有価証券の受取書――受取金額

をいいます。

なお、予定金額や概算金額も記載金額となり、最高金額、あるいは最低金額が記載されている場合は最高金額、あるいは最低金額が記載金額となります。また、契約金額の一部分の契約金額が記載されている場合は、それが記載金額となるほか、外国通貨により表示されている場合は、それを基準外国為替相場または裁定外国基準相場により本邦通貨に換算した金額が記載金額となります。

三　記載金額を分割できるとき（その一）

一つの文書に二つ以上の記載金額がある場合には、これらの記載金額のある文書が印紙税法別表第一の課税物件表の分類のどれか一つの号にあてはまる文書であるときは、これらの合計額が記載金額となります。

つまり、不動産売買契約に関する一つの契約書の中に、不動産の売買金額が二つ以上記載されているときは、その合計額が記載金額とされるということです。

文書が一つかどうかについては、七二ページで述べます。

これに対して、二つ以上の記載金額のある文書が印紙税法別表第一の課税物件表の分類の二つ以上の号にあてはまる場合には、その記載金額がそれぞれに区分されるかどうかによって、課税される印紙税額が異なることになります。

メモ 一つの文書に、印紙税法別表第一の課税物件表にあてはまる二つ以上の事項が記載されているときは、その記載された事項によるいずれか一つの文書とされることになります。これが「文書の所属」の問題です。くわしくは、巻末二五二ページを参照してください。

例えば、建物と債権、すなわち、不動産と債権の売買契約書において、「建物一、〇〇〇万円、債権五〇〇万円」と記載されていたとします。

この場合、その売買契約書は、「不動産の譲渡に関する契約書」になります。

したがって、この売買契約書に課税される印紙税額は、「建物一、〇〇〇万円、債権五〇〇万円」の記載金額のうち、不動産の譲渡に関する契約書としての記載金額、つまり、建物一、〇〇〇万円についての印紙税額、一万円（平成二十六年四月一日から平成三十二年三月三十一日までは後述する軽減税率の適用により五千円）の印紙をはることになります。ところが、この記載金額が「建物及び債権一、五〇〇万円」と合計して記載されていれば、この売買契約書は、「不動産の譲渡に関する契約書」として、合計額一、五〇〇万円についての印紙税額、二万円（平成二十六年四月一日から平成三十二年三月三十一日までは後述する軽減税率の適用により一万円）の印紙をはらなければならないことになります。

このように、売買金額を区分して記載する場合と、区分しないで合計で記載する場合とでは、その印紙税額に大きな差が生ずることになることは、よく心得ておくべきです。

印　紙
1万円
(軽減税率)

売買契約書

売買金額

建物及び債権1千5百万円

……………………………………………

……………………………………………

……………………………………………

…………　印

↓

印　紙
5千円
(軽減税率)

売買契約書

売買金額

建物1千万円

債権5百万円

……………………………………………

……………………………………………

……………………………………………

…………　印

このことは、「請負に関する契約書」についてもよくみられるところです。

例えば、一定の規格品の機械の売買に併せ、その機械の取付けを行うこととしている「機械売買契約書」については、その文書の標題が「……売買契約書」となっているところから、「物品の譲渡に関する契約書」になるのではないかとも考えられます。

しかし、その記載内容をみると、機械の売買とその取付けが記載されていますので、この「機械売買契約書」は、機械の売買の点で「物品の譲渡契約書」に、機械の取付けの点で「請負に関する契約書」になり、結局、「請負に関する契約書」になります。

したがって、その記載された契約金額が、機械の売買代金と取付料に区分されないで記載されているとき、例えば、

「機械売買代金及び取付料　一、〇〇〇万円」とか、

「機械売買代金（取付料を含む。）　一、〇〇〇万円」

と記載されているときには、その一、〇〇〇万円に対して一万円の印紙をはることになります。

なお、この取付料が機械器具設置工事などの建設工事の代金に当たる場合には、平成二十六年四月一日から平成三十二年三月三十一日までは後述する軽減税率の適用により、五千円の印紙をはることになります。

これに対して、機械の売買代金と取付料が区分されて記載されているとき、例えば、

「機械売買代金　九五〇万円

取付料　　　　　　　　　　　　　　五〇万円
　計　　　　　　　　　　　　　一、〇〇〇万円」

と記載されているときは、請負に関する部分の取付料五〇万円に対して二〇〇円の印紙をはるだけですんでしまうのです。

四　記載金額を分割できるとき（その二）

印紙税法では、零細な文書を課税対象外とする趣旨から、記載金額が一定金額未満のものを非課税としています。

例えば、約束手形や為替手形については、その記載された手形金額が一〇万円未満のもの、また、金銭や有価証券の受取書については、五万円未満のものには、それぞれ印紙をはる必要がありません。

そして、印紙税は、文書一通につきいくらかということになっていますから、印紙をはる必要があるかどうかは、一通ごとに判断することになります。

したがって、例えば、一八〇万円の約束手形を発行する場合に、これを一通として発行しますと、四〇〇円の印紙をはることになりますが、九万円の約束手形二〇通に分割して発行しますと、その二〇通は、いずれもその記載された手形金額が一〇万円未満ですから、印紙をはる必要がないことになります。

まあ、四〇〇円を節税するのと二〇通に分割するのと、どちらが得策かは一概にいえませんが、金額次第でいろいろ節税のケースが考えられるところです。ここではヒントを与えるにとどめておきます。

五　変更契約書の記載金額はどうなるか

土地や建物の売買契約書、工事や製造などの請負契約書、金銭の貸借に際して作成される消費貸借契約書などは、その契約書に記載された契約金額によって課税される印紙税額が異なることは前に述べました。

土地や建物の売買契約書の記載金額は、その売買契約金額であり、工事や製造などの請負契約書の記載金額は、その請負契約金額です。また、金銭の消費貸借契約書の記載金額は、その消費貸借契約金額です。

したがって、不動産売買契約、請負契約、消費貸借契約などの成立を証明する契約書については、その記載された契約金額に応じて印紙をはればよいわけです。

ところで、このような契約について契約金額の変更を証明する契約書は、どのような金額に対して印紙をはるべきでしょうか。

■原契約の契約金額と増加または減少する契約金額が記載されている場合

実例でみていきましょう。

D建設工業は、H県の施工する県道改修工事を一億五、○○○万円で請け負い、一億五、○○○万円の請負契約書を作成して、工事を実施してきました。

ところが、工事進行中において、工事箇所、施工方法、使用材料などの変更により、たびたび工事請負金額を変更せざるを得なくなりました。

D建設工業とH県との間においては、変更のつど、現場責任者と変更部分の確認を行い、その際、変更工事部分と原契約による請負契約金額より増加または減少する請負金額を記載した「工事変更確認書」を便宜作成し、後日、正式に「工事変更契約書」を作成して、それぞれ一通ずつ所持することとしています。

「工事変更契約書」には、原工事の内容および変更工事の内容、原工事請負契約金額及び増加または減少する請負契約金額が記載されています。

D建設工業とH県の現場責任者は、便宜作成する「工事変更確認書」は、確認書という標題からみて、請負変更契約を証明するものではないと理解していました。

しかしながら、この「工事変更確認書」は、確認書という標題が使われていますが、その確認は、すでに存在する事実を単に確認するというものではなく、請負契約の内容を変更することを目的とし、その変更内容を証明すべきものと認められます。

印紙税法の契約書とは、その標題のいかんにかかわらず、契約の成立、更改、契約の内容の変更または補充の事実を証明する目的で作成する文書とされていますから（Ｐａｒｔ４でくわしくふれます。）、この「工事変更確認書」も契約書に当てはまり、その内容も請負契約の内容を変更するものですから、「請負に関する契約書」に当てはまるわけです。

この場合、契約金額を変更する契約書に記載された契約金額はどうみるのでしょうか。

昭和六十二年十二月三十一日までに作成されたものについては、契約金額の増額または減額のいずれの場合であっても、契約金額を変更する契約書の変更契約金額の記載の仕方によって、変更後の契約金額が記載されているときや、その記載されている範囲で変更後の契約金額が計算できるときには、その変更後の契約金額が記載された契約金額となって、この契約金額に応じて、印紙をはることになっていました。

また、原契約金額や変更後の契約金額の記載がなく、増加または減少する契約金額のみが記載されているときには、その増加または減少する契約金額そのものが記載された契約金額となり、この契約金額に応じて、印紙をはることになっていました。

ところが、昭和六十三年一月一日から作成される契約金額を変更する契約書については、変更前の契約金額の記載のある文書、すなわち、契約金額を記載した変更前の契約書が作成されていることが明らかであって、契約金額を変更する契約書に変更する契約金額が記載されているときには、その変更する契約書が変更前の契約金額を増加させるものであるときには、その増加する契約金額

印紙

変更契約書

を甲とし　　　　　　を乙として下記のとおり変更契約を締結する。

平成　　年　　月　　日締結した

契約書番号　　　　　　　　　　　番

品名・数量　中型ヘリコプター　10機

の契約書の内容を次のとおり変更する。

変更内容

1.　一般条項第3条に基づき次のとおり確定する。

概算請負金額　700,000,000円

確定金額　750,000,000円

増減額　50,000,000円

2.　航空機1機当りの確定単価を75,000,000円とする。

平成　　年　　月　　日

甲　　　　　　　　　　㊞

乙　　　　　　　　　　㊞

が記載された契約金額となって、この増加する契約金額に応じて、印紙をはることになります。

また、この場合の契約金額を変更する契約書が変更前の契約金額を減少させるものであるときには、契約金額が記載されていないものとなって、「請負に関する契約書」の場合は、一通につき、一律に二〇〇円の印紙をはることになります。このことは、請負契約金額を変更する契約書に限らず、それ以外の契約金額、例えば、土地の売買金額や消費貸借金額を変更する契約書の場合も同じです。

例えば、上記の「変更契約書」には、当初の概算請負金額、この変更契約書による確定金額および増減額が記載され、この「変更契約書」に原契約書の契約番号、契約年月日などが記載されていることから、変更前の契約書が特定され、変更前の契約金額を記載した契約書が作成されていることが明らかです。
したがって、この「変更契約書」については、その増加する金額五、〇〇〇万円について印紙をはることになります。

■変更前の契約金額の記載のある文書が作成されていることが明らかな場合とは

契約金額を変更する契約書の記載金額については、変更前の契約金額の記載のある文書が作成されていることが明らかで、契約金額を変更する契約書に変更金額が記載されている場合には、契約金額が増加するときには、その増加金額が記載金額となり、契約金額が減少するときには記載金額がないものとなります。

ここで、変更前の契約金額の記載のある文書が作成されていることが明らかな場合とは、どういう場合をいうのでしょうか。

変更前の契約金額の記載のある文書が作成されていることが明らかな場合とは、例えば、契約金額を変更する契約書に、変更前の契約書の名称、文書の番号、契約年月日などが記載され、それによって変更前の契約書が特定していること、または変更前の契約書と変更後の契約書が一体として保管されていることなどによって、変更前の契約書が作成されていることが明らかな場合をいいます。

しかし、変更前の契約書の名称などが記載されている文書であっても、実際に変更前の契約書が

印紙	土地売買契約変更契約書

（以下「甲」という。）と、　　　（以下「乙」という。）の間において、平成　　年　　月　　日締結した土地売買契約について実測の結果にもとづき、下記のとおり一部変更する。

記

売買面積　225平方米

売買価格　上記面積の増加に伴い、売買価格を１億円とする。

平成　　年　　月　　日

甲　　　　　　㊞

乙　　　　　　㊞

作成されていないものは、これには当てはまりませんので、昭和六十二年十二月三十一日以前のとおりとなります。

また、たとえ、変更前の契約金額の記載のある契約書が作成されている場合であっても、変更後の契約金額のみが記載され、変更金額を明らかにすることができないものについては、その変更後の契約金額がそのまま記載された契約金額となり、その変更後の契約金額に応じて印紙をはることになります。

例えば、上記の「土地売買変更契約書」をみますと、この文書は、土地の売買契約についてその売買面積および売買価格を変更するものですが、変更後の売買価格のみの記載ですので、たとえ、変更前の契約書の作成が契約年月日の記載によって明らかであるとしても、その記載された売買価格一億円について印紙をはることになります。
どの方法が最も得かは読者の皆さん、よく考えてみてください。

■継続する取引についての契約書とその変更契約書

契約金額を変更する契約書の記載金額については、変更前の契約金額の記載のある文書が作成されていることが明らかで、契約金額を変更する契約書に変更金額が記載されている場合には、それが契約金額を増加するときには、その増加金額が記載金額となり、また、それが契約金額を減少するときには記載金額がないものとなります。

このことは、さきに述べたところです。

それでは、継続する取引について契約書に記載された単価などを変更する契約書の記載金額はどうなるのでしょうか。

ここに、例えば次ページのような「清掃契約書」があります。この「清掃契約書」は、清掃を行うことを内容とし、その清掃の範囲、清掃費や契約期間、更新事項などを定めるものですから、「請負に関する契約書」（第二号文書）にあてはまるほか、営業者間において清掃という請負に関する二以上の取引を継続して行うため作成されるものであって、その二以上の取引に共通して適用される取引条件のうち目的物の種類や単価などを定めるものですから、「継続的取引の基本となる契約書」（第七号文書）にもあてはまることになります。

印　紙

清　掃　契　約　書

株式会社　　　　　ビル（以下甲という）と　　　　　株式会社（以下乙という）は甲が管理する建物　　　の清掃に関する業務を乙に委託することを約して、次のとおり契約を締結する。

（清掃の範囲）

第１条　清掃の範囲は、甲の管理する建物（店舗の内部、各種機械室、各種水槽は除く）とする。

（清掃の区分および要領）

第２条　清掃の区分および要領は、別添の仕様書による。

（清　掃　費）

第３条　甲は乙に清掃費として月額1,000万円を支払うものとする。当月分代価は、翌月10日までに乙が請求書を甲に提出し、甲は月末に乙に支払う。

（中　略）

（契約期間）

第13条　本契約の契約期間は、平成30年４月１日から平成31年３月31日までとする。期間満了２ヶ月前に甲乙間に何等の意思表示がない場合は、さらに１年間契約を自動延長するものとする。爾後この例による。

（中　略）

上記の契約を証するため、本書２通を作成し、甲乙各１通を保有する。

平成30年４月１日

甲

乙

その結果、この「清掃契約書」は、契約金額として一億二、〇〇〇万円（清掃費月額一、〇〇〇万円×契約期間一二月（平成三十年四月一日から平成三十一年三月三十一日まで））が記載されていることから、「請負に関する契約書」として、一億二、〇〇〇万円に対する印紙一〇万円をはることになります。

また、この場合、この「清掃契約書」は、契約期間は一年間のものと評価され、更新に関する期間は関係しません。

「継続的取引の基本となる契約書」については、九六ページで、また、月額×契約期間などによる契約金額の計算による記載金額の考え方については、四五ページの「六　記載金額が明示されていなくても……」で、それぞれ述べます。

メモ　請負に関する契約書と継続的取引の基本となる契約書の両方にあてはまる文書については、そのいずれか一つの文書として印紙をはることになりますが、このことについては、巻末二五二ページを参照してください。

ところで、この「清掃契約書」（これを、ここでは「原契約書」といいます。）で定めている清掃費月額一、〇〇〇万円について、その後これを変更することとして「清掃変更契約書」（これを、ここでは「変更契約書」といいます。）を作成することとした場合は、その「変更契約書」の記載金額はどうなるかをみてみましょう。

「変更契約書」に、「原契約書の清掃費月額一、〇〇〇万円を、平成三十年一〇月一日以降

一、一〇〇万円とする。」、または「原契約の清掃費月額一、〇〇〇万円を、平成三十一年四月一日以降一、一〇〇万円とする。」、あるいは「原契約書の清掃費月額一、〇〇〇万円を、平成三十一年十月一日以降一、一〇〇万円とする。」などと記載してある場合、その「変更契約書」には、変更後の清掃費月額のみが記載されていて、契約期間については、「原契約書」で定められた期間であるか、あるいは更新の定めの適用による更新後の期間であるかは別として、その変更後の清掃費月額が適用される始期のみの記載である場合には、その「変更契約書」の文面では、清掃費月額のみの記載で、契約期間が記載されていませんから、いずれの場合も契約金額が計算できず、記載金額はないことになります。

このような「変更契約書」は、「請負に関する契約書」と「継続的取引の基本となる契約書」になりますが、記載金額がありませんから、「継続的取引の基本となる契約書」となって、一通につき四、〇〇〇円の印紙をはることになります。

次に、「平成三十年十月一日から平成三十一年三月三十一日までの間は、原契約書の清掃費月額一、〇〇〇万円を、一、一〇〇万円とする。」（例1）、「平成三十年十月一日から平成三十一年九月三十日までの間は、原契約書の清掃費月額一、〇〇〇万円を、一、一〇〇万円とする。」（例2）あるいは「平成三十一年四月一日から平成三十二年三月三十一日までの間は、原契約書の清掃費月額一、〇〇〇万円を、一、一〇〇万円とする。」（例3）などと記載して、その「変更契約書」には、変更前と変更後の清掃費月額が記載され、また、契約期間については、「原契約書」で定められた契約期間内であるか、あるいはその契約期間が更新の定めの適用による更新後の期間とにまたがる期間であるか、さらには更新後の期間のみであるかは別として、その変更後の清掃費月額一、一〇〇万円とその清掃費月額が適用される契約期間が記載されているものがあります。

このような「変更契約書」については、それぞれ、変更後の清掃費月額と契約期間によって契約金額が計算できます。

そこで、まず、その契約期間が「原契約書」で定められた期間内でのものである場合には、その契約金額が増加するときには増加金額のみが記載金額となり、その契約金額が減少するときには記載金額がないものとなります。つまり、さきの（例1）では、増加月額金額一〇〇万円（変更後清掃費月額一、一〇〇万円－変更前清掃費月額一、〇〇〇万円）×契約期間六月（平成三十年十月一日から平成三十一年三月三十一日まで）で、記載金額は六〇〇万円の「請負に関する契約書」となります。また、その契約金額が減少するときには記載金額がないものとなって、「継続的取引の基本となる契約書」となります。

また、その契約期間が「原契約書」で定められた契約期間と更新の定めの適用による更新後の期間にまたがる期間のものである場合には、変更前の契約金額の記載のある文書とは、「原契約書」で定められた清掃費月額と契約期間によって契約金額を計算することができる場合をいうのであって、更新の定めの適用による更新後の期間においては、変更前の契約金額の記載のある文書はありませんので、その部分については、さきのような増加金額のみによるなどの適用はありません。つまり、さきの（例2）では、（変更後清掃費月額一、一〇〇万円－変更前清掃費月額一、〇〇〇万円）×契約期間六月（平成三十年一〇月一日から平成三十一年三月三十一日まで）＋変更後清掃費月額一、一〇〇万円×契約期間六月（平成三十一年四月一日から同年九月三〇日まで）で、記載金額は七、二〇〇万円となります。

さらに、その契約期間が「原契約書」で定められた期間以外、つまり、更新の定めの適用による更新後の期間のみのものである場合には、その変更後の契約金額がそのまま記載金額となります。これがさきの（例3）ですが、この（例3）では、変更後清掃費月額一、一〇〇万円×契約期間一二月（平成三十一年四月一日から平成三十二年三月三十一日まで）で、記載金額は一億三、二〇〇万円となります。

六　記載金額が明示されていなくても……

これまで述べましたように、記載金額とは、文書に記載されている契約金額、券面金額など、その文書により証されるべき事項についての金額として、その文書に記載されている金額をいいます。

そして、この記載金額は、具体的に金額が記載されていない場合であっても、その文書に記載されている単価、数量、記号などにより、具体的な金額を計算することができる場合には、その計算をして記載金額が決められるのです。

■単価と数量により記載金額が計算できる場合

これも、実例でみていきます。H株式会社では、次ページ上段のような「物品加工契約書」を作成しています。

この「物品加工契約書」は、「請負に関する契約書」になります。

この物品加工契約書には、具体的に請負契約金額は記載されていませんが、単価と数量の記載があることから、

品名A　一〇〇円×三、〇〇〇個＝三〇万円
品名B　二〇〇円×二、〇〇〇個＝四〇万円
品名C　三〇〇円×一、〇〇〇個＝三〇万円
計　一〇〇万円

となって、一〇〇万円という金額が計算できますから、この一〇〇万円が記載金額となるわけです。

また、次ページ下段の「運送契約書」をみてください。

この「運送契約書」には、具体的な運送料の記載はありませんが、月額運賃と契約期間の記載があるところから、

印　紙

物品加工契約書

品　名	単　価	数　量	納　期	摘　要
A	100円	3,000個	19.8.10	
B	200	2,000	19.8.10	
C	300	1,000	19.8.20	

印　紙

運送契約書

□□□□（以下甲という）と、□□□□（以下乙という）の間において、次のとおり運送契約を締結する。

（第1条から第9条まで省略）

第10条　甲が乙に支払う運送費は1か月100万円とする。

（第11条から第13条まで省略）

第14条　本契約の有効期間は、平成30年4月1日から平成31年3月31日までの1年間とする。

一〇〇万円×一二月＝一、二〇〇万円

となって、一、二〇〇万円という運送料が計算できますから、この一、二〇〇万円が記載金額ということになります。

■単価か数量の一方のみの記載のとき

このように、単価や数量などの記載があることによって、具体的な金額を計算することができる場合には、その計算した金額が記載金額となります。

単価や数量には、文字どおり単価と数量のほか、月額金額と月数、単価と面積、一回当たりの料金と回数など、いろいろなものがあります。

しかし、これらの単価か数量などの一方のみしか記載されておらず、具体的な金額を計算することができない場合は、記載金額がないことになってしまいます。

例えば、さきの「運送契約書」において、支払う運送賃をそのつど計算するとか、あるいは契約期間の記載のないものは、単価など一方のみでは、具体的な金額を計算することができませんから、記載金額のないものとなります。

そして、記載金額のない「運送に関する契約書」には、一通につき、二〇〇円の印紙をはることになりますが、このようなものは「継続的取引の基本となる契約書」になることがありますから、よく注意することです。「継続的取引の基本となる契約書」については、九六ページを参照してく

印　紙

注　文　請　書

工事番号　　　　　　　　　　　　平成　　年　　月　　日

＿＿＿＿＿＿＿＿＿＿

住所

工事株式会社　　　　名称　　　　　　　　㊞

下記の通り注文をお請け致します。

工　事　名　称

工期　着工　　年　　月　　日

　　　完了　　年　　月　　日

　　　請負金額平成　　年　　月　　日付注文書○○号のとおり

注文番号

工事現場

支払条件

ださい。

七　見積書や注文書からも判断される

例えば、工事請負に関する注文請書に、

「請負金額は注文書○○号のとおり」

または、

「請負金額――注文書○○号による」

などと、注文書番号や見積書番号などが記載されている場合には、その注文書○○号に記載されている請負金額が記載金額とされます。

これは、その「注文書○○号」と記載されていることによって、当事者間において契約金額が明らかですから、記載金額になるということです。

例えば、前ページの「注文請書」についてみますと、この注文請書には契約金額の記載はありませんが、金額の記載のある注文書○○号を引用していますから、その注文書に記載された金額が記載金額となるわけです。

このように、その注文請書に、具体的な請負金額の記載がなく、また、その注文請書の文面に単価や数量などの記載もなく、具体的に請負金額が計算できない場合であっても、注文書番号や見積書番号などが記載されていて、その注文書などによって契約金額が明らかであるときは、記載金額があるということになります。

しかし、単に「注文書のとおり」と記載されている場合には、その文面では、どの注文書か特定することができませんので、このようなものは、結局記載金額がない文書ということになりましょう。

八　受取書の記載金額をめぐって

■手形や小切手の受取書

手形や小切手の受取書は、一般的には、その額面金額を受取金額として記載し、その受領原因として、例えば、「但し○年○月○日期限の約束手形○○通」とか「但し、小切手○○通」とか記載されています。

印紙

領　収　書

領収書　No.000646

平成　　年　　月　　日

　　　　　　　　様

下記の手形正に領収致しました。

手形　拾五通

手形発送月日　7月31日

株式会社
支店

扱者印

このような手形や小切手の受取書の記載金額は、その受取金額として記載されている手形や小切手の額面金額が記載金額となります。

売上代金についての金銭または有価証券の受取書は、その記載金額に応じて印紙税額が異なります。

したがって、受け取った手形や小切手の額面金額を記載した場合には、そのはるべき印紙が高くなりますので、その額面金額を記載せず、単に「手形〇〇通受け取りました。」とか、「小切手〇〇通受け取りました。」とする例もかなり多くみられます。

このようなものは、記載金額がありませんので、一通につき、一律に二〇〇円の印紙をはればよいことになります。

しかし、単に「手形〇〇通」や「小切手〇

○通」では、どの手形かどの小切手か、あるいは手形金額や小切手金額がいくらのものであるかわかりませんので、手形番号や小切手番号を記載しているものも、また多いようです。

この場合、例えば、売上代金についての約束手形の受取書に、「平成○年○月○日振出約束手形№○○○」と記載されていますと、その「平成○年○月○日振出約束手形№○○○」で特定される約束手形の手形金額が記載金額となります。

というのは、売上代金として受け取る有価証券の受取書について、その有価証券の発行者の名称、発行の日、記号、番号などの記載があることにより、当事者間においてその売上代金についての受取金額が明らかであるときには、その明らかである受取金額が記載金額とみられるのです。

例えば、前ページの「領収書」をみてください。

この「領収書」は、手形十五通の領収書で、その手形金額が記載されていません。

しかし、手形発送日の記載のあることから、これによって当事者間において受取金額を明らかにすることができますから、その明らかにすることができる受取金額が記載金額になります。

■請求書番号などを記載した受取書

同じように、売上代金についての金銭または有価証券の受取書の中には、受取金額を記載する代りに、請求書の発行番号や発行年月日などを記載したものがあります。

例えば、金銭または有価証券の受取書に、受取金額として「平成○年○月○○日発行の請求書

№○○○の金額」と記載されたものは、その「請求書№○○○」に記載された金額が記載金額となるのです。

つまり、売上代金として受け取る金銭または有価証券の受取書について、その売上代金としての受取金額の記載のある支払通知書、請求書などの名称、発行の日、記号、番号などの記載があることにより、当事者間においてその売上代金についての受取金額が明らかであるときは、その明らかである受取金額が記載金額になります。

■売上代金の金額と売上代金以外の金額とをあわせて受け取った場合の受取書

売上代金の金額と売上代金以外の金額とをあわせて受け取った場合の受取書は、売上代金についての受取書になります。

すなわち、このような受取書の記載金額について、売上代金についての金額と売上代金以外についての金額が区分して記載されている場合は、売上代金についての金額がその受取書の記載金額になります。

これに対して、このような受取書の記載金額について、売上代金についての金額と売上代金以外についての金額が区分されずに記載されている場合は、その区分されていない全体の記載金額がその受取書の記載金額になり、その合計金額に応じて印紙税がかかることになりますから、必ず区分して記載することです。

例をあげてみましょう。

貸付金一、〇〇〇万円とその利息八〇万円をあわせて受け取った際に作成する受取書に、「貸付金一、〇〇〇万円、利息八〇万円、計一、〇八〇万円受け取りました。」、あるいは「一金一、〇八〇万円、但し、貸付金一、〇〇〇万円、利息八〇万円」と記載している場合は、売上代金である八〇万円がその受取書の記載金額となり、二〇〇円の印紙をはることになります。

しかし、「一、〇八〇万円受け取りました。」とのみ記載している場合には、売上代金と売上代金以外の金額に区分することができませんから、その受取書の記載金額は一、〇八〇万円となって四、〇〇〇円の印紙をはることになり、そのはることになる印紙の差は三、八〇〇円になります。

また、「元利合計一、〇八〇万円受け取りました。ただし、うち利息八〇万円」と記載している場合も、利息八〇万円は売上代金であり、その利息八〇万円がその受取書の記載金額となって二〇〇円の印紙をはることになります。

■売上代金とは

ここで「売上代金」というものをまとめて述べておきます。

印紙税法でいう売上代金というのは、資産を譲渡し、もしくは資産を使用させ、または役務を提供することによる対価をいいます。

資産を譲渡することの対価は、商品の売上代金、不要資産の売却代金、手形割引の代金、無体財産権や債権の譲渡代金などです。

資産を使用させることの対価とは、不動産の賃貸料、機械器具などのリース料、貸付金の利息、各種の使用料などのほか、賃貸借の場合の権利金なども含まれます。

役務を提供することの対価となるものは、請負代金、修繕料、宿泊料、出演料、広告料、運送料、委任報酬、保管料、仲介料、技術提供料など多種のものがありましょう。

また、売上代金にならないものとしては、担保有価証券や保証金、書替手形、敷金、預貯金、配当金、保険金、出資金、借入金、リベート、値引や割戻金、損害賠償金、各種の会費などがあります。

ここで特に注意したいことは、受取書の記載事項からみて、その受け取ることになる金銭または有価証券が売上代金であるかどうか明らかにされていない受取書は、売上代金についての受取書とされることです。売上代金以外の受取書には、例えば、「一金〇〇〇円受け取りました。ただし敷金」というように、売上代金以外のものであることを明確に記載しておく必要があります。

なお、売上代金の受領について委託を受けた者が委託者に代って売上代金を受領する場合に作成する受取書、この委託者が受託者から回収した売上代金を受領する場合に作成する受取書、更には、売上代金の支払について委託を受けた者が委託者から支払資金を受領する場合に作成する受取書は、いずれも売上代金についての受取書に含まれます。

九　消費税および地方消費税の金額が区分記載された契約書や受取書

消費税および地方消費税が課税される取引に当たって作成される不動産の譲渡等に関する契約書（第一号文書）、請負に関する契約書（第二号文書）や金銭または有価証券の受取書（第十七号文書）で、消費税および地方消費税の金額が区分記載されている場合、あるいは税込価格および税抜価格が記載されていることにより、その取引に当たって課されるべき消費税および地方消費税の金額が明らかである場合には、その記載された消費税および地方消費税の金額は、記載金額に含めないことになっています。

消費税および地方消費税の金額が区分記載されていることとは、その取引に当たって課税される消費税および地方消費税の金額が具体的に記載されていることをいいます。また、税込価格および税抜価格が記載されていることにより、その取引に当たって課されるべき消費税および地方消費税の金額が明らかであることとは、その取引についての消費税および地方消費税の金額を含む金額と消費税および地方消費税の金額を含まない金額の両方が具体的に記載されていることにより、その取引にあたって課されるべき消費税および地方消費税の金額が容易に計算できることをいいます。

したがって、「消費税八％を含む。」、「消費税等八％を含む。」…などと単に消費税および地方消費税の税率のみが記載されている場合や「消費税等を含む。」、「消費税及び地方消費税を含む。」…などと記載されている場合は、消費税および地方消費税の金額が区分記載されている場合にはなりません。

具体例をあげてみますと、

① 請負契約書において、「請負金額一、〇八〇万円、税抜価格一、〇〇〇万円、消費税及び地方消費税の金額八〇万円」、「請負金額一、〇八〇万円、うち消費税及び地方消費税の金額八〇万円」あるいは「請負金額一、〇〇〇万円、消費税及び地方消費税の金額八〇万円、計一、〇八〇万円」と記載されているものは、消費税および地方消費税の金額が具体的に記載されていて、また、「請負金額一、〇八〇万円、税抜価格一、〇〇〇万円」と記載されている場合には、消費税および地方消費税の金額が容易に計算できますから、記載金額は、いずれも一、〇〇〇万円ということになります。

また、「請負金額一、〇八〇万円（消費税及び地方消費税八％を含む。）」と記載されているものは、消費税および地方消費税の金額が具体的に記載されていませんから、記載金額は一、〇八〇万円ということになります。

② 次に、金銭の受取書において、「販売代金（税抜き）一〇〇万円、消費税及び地方消費税の金額八万円、計一〇八万円」あるいは「領収金額一〇八万円、うち消費税及び地方消費税の金額八万円」あるいは「販売代金一〇〇万円、消費税及び地方消費税の金額八万円、計一〇八万円」と記載されているものは、消費税および地方消費税の金額が具体的に記載されていて、また、「販

売代金一〇八万円、税抜価格一〇〇万円」と記載されている場合には、消費税および地方消費税の金額が容易に計算できますから、記載金額は、いずれも一〇〇万円ということになります。

また、「販売代金四八、〇〇〇円、消費税及び地方消費税三、八四〇円、計五一、八四〇円」、「領収金額五一、八四〇円、うち消費税及び地方消費税三、八四〇円」、「領収金額五一、八四〇円（税抜価格四八、〇〇〇円）」あるいは「領収金額五一、八四〇円（税抜価格四八、〇〇〇円、消費税及び地方消費税の金額三、八四〇円）」と記載されているものは、消費税および地方消費税の金額が具体的に記載され、あるいは消費税および地方消費税の金額が容易に計算できますから、記載金額は、いずれも四八、〇〇〇円となり、記載金額が五万円未満ですから非課税となります。

また、「領収金額五一、八四〇円」あるいは「領収金額五一、八四〇円（税込み）」と記載されているものは、その記載金額は、いずれも五一、八四〇円となり、記載金額が五万円以上のものとなって非課税とはなりません。

これは、消費税および地方消費税が課税される取引と非課税あるいは不課税取引となるものがあり、例えば、課税取引となる分が四三、二〇〇円（うち消費税額および地方消費税額の合計額三、二〇〇円）と不課税取引となる分が八、六四〇円あり、その合計が五一、八四〇円となる場合があるので、一律に八％に割り戻して本体価額とすることはできない場合があるからです。

また、消費税および地方消費税が課税される取引に当たって、取引代金とその取引に課税される消費税および地方消費税の金額とを別決済する場合などで、消費税および地方消費税の金額のみを受領した際に作成される金銭または有価証券の受取書は、記載金額のないものとして、したがって一律に二〇〇円の印紙をはることになります。

ただ、その記載された消費税および地方消費税の金額が五万円未満の場合は非課税となります。

また、消費税および地方消費税の表示を紙面の都合やレジの構造などから「消費税等」、あるいは「税」や「ゼイ」と表示したとしても、誰がみてもそれが消費税および地方消費税であることが判ることから、それをもってとやかくはいわないと思います。

なお、消費税や地方消費税の金額とは別に、消費税や地方消費税以外の税金の額が記載されている受取書などについては、源泉徴収義務者または特別徴収義務者が作成する文書のうちに、源泉徴収または特別徴収の税金額が記載されている場合は、全体の記載金額からその税金額を差し引いた後の金額が記載金額となります。

ここで注意したいのは、このことは源泉徴収義務者または特別徴収義務者が作成するものに限られるということです。

㈱現行の消費税および地方消費税を合せた税率八％は、平成三十一年十月一日からは十％（軽減税率適用分の飲食料品などは八％）に引上げが行われることとされています。

Part3 印紙をはる・はらないの別れ道

——課税文書の判断のしかた——

一　課否は実質判断による

■名称や呼び方だけに限らない

ちょっとした文書には、印紙をはらなければ権威がないと思う方が多く見受けられます。

一方では、印紙をはらなければならないのは、契約書や領収証というものだけであって、その文書を契約書や領収証といわなければ印紙税がいらないと思っている方も案外多いようです。

印紙税は、文書の名称や呼び方あるいは文書の標題の付け方で、課税されたり、されなかったりするものではありません。

ある文書に印紙をはらなければならないかどうかは、その文書の名称や呼び方も一つの判断要素になります。

しかし、約束手形や株券、社債券や保険証券などのように、手形法やその他の法律によって記載事項が決められ、一般に定型化されて流通しているものは別として、印紙をはらなければならないかどうかは、その文書の記載内容によって判断されることになっているのです。

つまり、ある文書に印紙をはる必要があるかどうかは、その文書に記載されていることがらが何であるか、また、その文書を作成する目的が何にあるかによって判断されることになります。

このことについては、印紙税法上には明文の規定はありませんが、一般的に言えば、その文書に書かれている形式的な記載文言だけではなく、そのほかにも、関係法律の規定、当事者間における了解、基本契約、慣習などを加味して判断されるわけです。

その文書の記載内容からみるという、形式からみた実質判断によるということです。

もう少し、詳しく説明しましょう。

■形式からみた実質判断ということ

日常、作成される文書には、種々のものがあります。

文書の名称、呼称や形式的な記載文言も、契約当事者や作成者のそのときの状況、あるいは契約当事者や作成者により、同じようでも少しずつ異なっています。

作成された文書の内容の判断は、文書の名称や呼称、形式的な記載文言のみによるのではなく、その文書に記載されている文言や符号などの実質的な意味に基づいて行われます。

例えば、「請求書」に㊜代済と表示したものは、その代済は、請求代金を受け取ったことを意味するということになります。

このことから、「請求書」に代済と表示し、相手方に交付するのは、金銭の受領事実を証明するためのもの、すなわち、「金銭の受取書」とされるのです。

ところで、もともと、印紙税が自主納付制度の形式を採っているということは、その文書の作成者、つまり当事者がもっともよくその文書に記載された内容を知っているところです。

当事者は、直接第三者にその記載された内容を知らせる必要がありませんから、この意味においては、その文書の記載内容にかかわりなく、その実質によって判断されるべきものとされているということができましょう。

しかし、文書の作成の目的は、記載内容を明らかにするとともに、それを立証し、第三者に対してその内容を公示してそれを主張するなどにあることも考えるならば、これらの記載は、一般に認識されるような文言を用いるのが通常であるといえましょう。

一方、印紙税の課税面から考えれば、ある程度の客観性のある基準によって判断しなければ統一的な取扱いをすることは困難となるでしょう。

ということは、課税文書になるかどうかは、その文書に表わされていることがらに基づいて判断され、その文書に表わされていないことがらは判断の要素にはならないということです。

先にのべた形式からみた実質判断とは、このことをいうわけです。

例えば、「金一〇〇万円受け取りました。」と記載された受取書は、たとえその受領原因が消費貸借であったとしても、その文書は、金銭の受領事実のみを証明していて、また、その効用も、「金銭の受取書」としての意味しかなく、「消費貸借に関する契約書」としての効用はありません。

■作成目的と証明の効用

このように、ある文書が課税文書になるかどうか、すなわち、その文書に印紙をはる必要があるかどうかは、その文書の作成目的と効用から判断することとされ、その判断は、その文書の記載内容に基づいて行われます。

したがって、当事者間においては課税になることがらを証明する効用を有する文書であっても、その課税となることがらを証明する目的以外の目的で作成される文書は、課税される文書とはなりません。

例えば、「預金払戻請求書」は、銀行などにとって預金者が預金の払戻しを受けたこと、すなわち、預金者が金銭を受領したことを証明する効用を有するものです。

また、「注文書」は、その注文書に記載されたとおりに契約が成立した場合には、契約の成立を証明する効用を有します。

しかし、預金を引き出す者の「預金払戻請求書」の作成目的は、預金の払戻しを請求するためのものです。

また、「注文書」は、注文者が注文の事実を記載して注文先に注文するために作成するものです。

したがって、この「預金払戻請求書」は、「金銭の受取書」にはならず、また、「注文書」は、「請負に関する契約書」などにはなりません。

ただし、例えば、「注文書」に「請負に関する契約書」となりうる何らかのことがらが記載されているとしたら話しは別ですが、これについては一四五ページを見てください。

次に、一つの文書に、二つ以上の異なることがらが記載されている場合には、その異なることがらごとに課税文書になるかどうかが判断されます。

例えば、「示談書」という文書があります。自動車事故の場合の「示談書」は、示談契約の面では、損害賠償契約の成立を証すべきもので、課税文書にはなりません。

しかし、その「示談書」に、示談金の支払について、金銭に代えて、「……下記記載の土地を譲渡する。」と記載されているものは、その部分は、「不動産の譲渡に関する契約書」になります。この「示談書」は、その文書全体からみれば、損害賠償契約書として、課税文書にならないとしても、その中に不動産の譲渡に関することがらが記載されていることから、「不動産の譲渡に関する契約書」として、印紙をはることになるのです。

二　謄本、副本、写、コピーなどはどう扱われるか

■印紙は作成文書全部にはるのが原則

不動産売買契約書や工事請負契約書などの契約書については、契約当事者が所持したり関係者が所持したりして、同一内容のものが二通以上作成されることがあります。

印紙税は、文書一通につき一定額の印紙をはることとされていますので、同一内容のものが二通以上作成された場合には、そのうちの一通のみに印紙をはればよいというわけにはいきません。二通以上のもののすべてについて、印紙をはる必要があります。

印紙税は、契約の成立などという事実そのものを課税対象とするものではなく、また、受取りという事実そのものを課税対象とするものでもなく、契約の成立などを証明する目的で作成される文書や受取りの事実を証明する目的で作成される文書を課税対象とするものだからです。

一つの契約について二通以上の文書が作成された場合であっても、その二通以上の文書が、それぞれの契約の成立などを証明する目的で作成されたものであるときは、すべて印紙税の課税対象となります。

■課税になる謄本、写、副本

さらに、同じものが二通以上作成された場合には、各契約当事者がそれぞれ一通ずつ所持することとし、そのうちの一通を原本として、他のものを謄本、副本または写としていることがあります。

また、契約当事者の一人が原本一通を所持し、他の契約当事者や関係者がその原本を複写機でコピーして、所持することとしていることもあります。

このように、謄本、副本、写などといわれる文書には、いろいろのものがありますが、謄本、副本、写、またはコピーといわれるものでも、あるいはそのような表示をしているものでも、それが契約の成立などを証明する目的で作成されたものであれば、原本や正本と同様、印紙をはる必要があります。

このことは、反対に、契約の成立などを証明する目的で作成されない文書、謄本、副本、写やコピーは、印紙をはる必要はないということです。

一般に、よく見受けられる例としては、文書の右肩の部分などに、謄本、副本、㊢などと表示されているものがあります。

このように表示されていても、

① その文書に契約当事者双方あるいは一方の署名または押印のあるもの

② 原本または正本と相違ないものであることや原本または正本の謄本、副本、写であることの契約当事者の証明があるもの（原本または正本との割印のあるもの）

などのような文書は、たとえ、謄本、副本または写と称していても、契約の成立などを証明する目的で作成されるものと認められますから、契約書に該当し、その記載内容に応じて、印紙をはることになります。

謄本、副本または写といわれるものでも、契約当事者が印鑑を押しているものは印紙税の課税対象になりますから、印鑑の押なつに当たっては、十分注意する必要があります。

謄本あるいは写だから印鑑を押しても印紙をはることはないと早計してはいけません。

ただし、①の文書で文書の所持者のみが署名または押印して自己で保存しているものや、②の文書でも文書の所持者のみが原本または正本などであることを証明して自己で保存しているものは、自己で証明して自己で保存しているにすぎないものですから、契約書として取り扱われません。

■コピーには印紙の必要はない

くり返しますが、不動産の売買契約書や工事の請負契約書で、契約当事者の一方が原本を所持し、他の者は、その原本を複写機でコピーしたものを所持している場合には、そのコピーが複写しただけのものであれば、たとえ、そこに契約当事者の署名や押印が複写されたとしても、それは単なる写であって印紙をはる必要はありません。

ただ、この場合、契約書の文面では、例えば、「この契約の成立の証として本書二通を作成し、甲乙各自その一通を保有する。」としておきながら、現実には、印紙代を節約するため、契約書の文面のことは忘れて、契約当事者の一方のみが原本を所有し、契約当事者の他の一方がコピーを持っていることがあります。このようなものについて税務調査があったときは、契約当事者の一方が「自分の持っているのはコピーだ」といくら主張しても、文面で「甲乙各自その一通を保有する」としていることから、他に印紙をはるべき本書を持っていると疑われ、隠していると追及されることになるでしょう。頭隠して尻隠さずということがありますが、このようなときには、契約書の文面も「この契約の成立の証として本書一通を作成し、甲が保有する。」としておくことが賢明でしょう。

なお、不動産の売買契約書や工事の請負契約書の謄本、副本、写に関連して、不動産の売買契約や工事の請負契約を締結した場合に、その内容を証明するため、その不動産の売買契約書や工事の請負契約書を融資を受ける金融機関や監督官庁に提出する場合があります。

不動産の売買契約書や工事の請負契約書を、そのまま提出する場合には、もちろん印紙をはらなければなりません。

単なるコピーの場合には、まさに写であって印紙をはる必要がないことはいま述べました。

しかし、融資銀行や監督官庁によっては、単なるコピーでは受け付けられないこともあります。

このようなときには、契約当事者の署名や押印をした契約書を提出することになりますが、このような文書については、その文書に提出先または交付先、例えば、○○銀行貸付部長殿とか○○県知事殿とか、あるいはその記載内容からみて、契約当事者以外の者に提出または交付するものであることが判明できるものは、印紙をはる必要はありません。

もっとも、契約当事者以外の者に提出または交付するものがよいといっても、売買契約や消費貸借契約の保証人、売買契約の仲介人など、その契約に参加する者に提出または交付するものは、これにあてはまりません。

このことは、融資銀行や監督官庁に提出しないものに、提出先として銀行名や官庁名を記載したからといって、印紙はいらないということではもちろんありません。

■ファックスや電子メールによるものはコピーと同様である

コピーに関連する文書としてファックスや電子メールなどによる文書があります。

取引先との間において、紙ベースにより金銭の「領収証」や請負契約による「注文請書」を作成した場合には、その「領収証」や「注文請書」には印紙をはることになります。

ところで、「領収証」や「注文請書」をファックスや電子メールで取引先に送信した場合、送信された「領収証」や「注文請書」は取引先でプリントアウトされることとなります。この場合、送信用に作成する「領収証」や「注文請書」の原本は、それ自体が取引先に交付されるものではありませんから印紙をはる必要はなく、また、取引先でプリントアウトされる「領収証」や「注文請書」は、その「領収証」や「注文請書」の原本をコピーしたものと同様のものであり印紙をはる必要はありません。

これは印紙をはるべき文書、つまり課税文書については、その課税文書を作成した時に印紙をはることとされ、このことからみて課税文書の作成とは、単なる課税文書の調製行為をいうのではなく、課税文書となるべき用紙等に課税事項を記載し、これをその文書の目的に従って行使することをいうとされているからです。

つまり、取引先に交付することを目的として作成する「領収証」や「注文請書」などはその交付の時に、また、契約当事者の意思の合致を証明する「請負契約書」などはその証明の時に、それぞれその課税文書を作成したことになります。しかしながら、ファックスや電子メールでの送付は、「交付」や「証明」するものではありませんから、課税文書を作成したことにはならないのです。

三　一つの文書の個数は形式で判断される

■一つの文書とは

前に、同一の文書を二通以上作成したときは、それぞれに印紙をはらなければならないことは述べました。

したがって、ある文書を作成した場合において、その文書が印紙税の課税対象になるか、あるいは、印紙税の課税対象となるとしたら、いくらの印紙をはることとなるのかについては、まず、第一にその文書が一つの文書であるかどうかということが重要な問題になります。

一つの文書とは、一個の文書のことをいいます。文書を証書と帳簿に区別した場合、その文書が証書であるときは、これを一通と呼び、その文書が帳簿であるときは、これを一冊と呼んでいます。

また、証書と帳簿が一体となっている証書兼通帳といわれるのも、一つの文書ということになり、これも一冊と呼んでいます。

要するに、形式的に一個の文書となっているものが、一つの文書であるということです。

一つの文書になるかどうかの判断については、文書の外形、すなわち、物理的形状による考え方と、文書の記載証明による実質的形状による考え方がありますが、一般に物理的形状を重視して判断することとされているのです。

例えば、一枚の用紙に消費貸借契約の成立事実を記載したうえで、当事者双方が署名押印するほか、それに続けて消費貸借契約についての借用金額の受領事実を記載したものは、その記載証明による形態からみれば、消費貸借契約証書と金銭または有価証券の受取書との二つの文書とみられますが、物理的形状からみれば一つの文書ですから、このようなものは一つの文書ということになります。

また、物品売買基本契約書とその契約についての附属協定書を同時に作成し、それをとじ合わせるほか、契印で結合されているようなものも一つの文書となります。

ただ、このような文書であっても、各別に記載証明されている部分がそれぞれ独立しており、たまたまとじ合せているものは、一つの文書にはなりません。

例えば、物品売買基本契約書を作成し、これの末尾に契約当事者双方が署名押印するとともに、同時に、その附属協定書や覚書を作成し、これの末尾にも契約当事者双方が署名押印して、これらを単にとじ合せているものは、それぞれが各別に署名押印されていることから、それぞれが各別のもの、つまり、物品売買基本契約書と附属協定書の二つの文書ということになり、それぞれ、その記載内容に応じ、印紙をはることになります。

■契約書に後日追記等したとき

注意したいのは、一つの文書に、後日さらに一定の事項が記載された場合には、そのあとから記載されたものは、さきの文書とは別に、新たに別の文書が作成されたものとされるということです。

例えば、さきに消費貸借契約書を作成し、後日、その消費貸借による金銭の返還を受けた際、その消費貸借契約書に返済を受けたことを証するため、「一金○○○円受け取りました。」と記載し、あるいは「完済」と表示することにより、受領事実を記載して相手に交付するものは、その受領事実を証明する部分は、新たに金銭の受取書を作成したことになります。

これを印紙税法では追記といっていますが、追記とは、すでに作成されている一の文書にその後さらに一定事項を追加して記載することをいいます。

これに関連して、印紙税法では、併記や混合記載という用語が用いられていますが、併記とは、一つの文書に同時に二以上の事項を並列的に記載することをいい、混合記載とは、一つの文書に同時に二以上の事項を混然一体と記載すること（例えば、請負と売買に該当する製作物売買契約のことがらを記載すること）をいいます。

ただ、すでに作成されている一つの文書に、その後さらに一定事項を記載することは、別個の文書を作成したことになりますが、約束手形、為替手形、株券、出資証券など、合併契約書など、定款、貨物引換証、倉庫証券、船荷証券に追記しても別個の文書を作成したことにはなりません。

例えば、約束手形の裏面に手形金額の受取事実を記載しても追記にはならず、結果として受取書としての印紙をはる必要はありません。

また、有価証券（手形、小切手、株券など）、預貯金証書、信託証書、金銭または有価証券の寄託に関する契約書、配当金領収証に、金銭または有価証券の受取事実を追記した場合も、印紙税はかかりません。

■証書と帳簿の違い

印紙税が課税される文書には、証書、契約書、通帳、判取帳がありますが、証書や契約書を証書に、通帳と判取帳を帳簿に区分することができます。

証書と帳簿は、一義的には、証書は一枚の用紙で作成されるものをいい、帳簿は二枚以上の用紙がとじ合わされているものをいうとも考えられますが、一概にこのように区分することはできません。

数枚にわたる用紙を用いて作成される証書もありますし、また一回限りの付込みや一枚の用紙に何回かにわたって付け込まれる帳簿もあります。

証書か帳簿かの区分は、課税事項を一回限り記載証明する目的で作成されるか、継続的または連続的に記載証明する目的で作成されるかという作成目的によることになります。

証書か帳簿かは、文書作成の時における作成目的に照らして行いますから、その後の事情変化により、例えば、預金通帳への付込みが一回限りであったとしても、預金通帳には変わりはありません。

また、証書と通帳とが一つの文書となっているもの、例えば、保険証券と保険料の受取通帳、割賦売買契約書と割賦代金の受取通帳など、多くのものが見受けられるところです。

証書と通帳とが一つの文書となっているものは、証書の作成と通帳への付込みが同時に行われるもの、例えば、保険証券の作成と第一回目の保険料受領の付込みが同時に行われるものは保険料受取通帳となります。

これに対して、証書の作成と通帳の付込みが同時に行われないものは、たとえ通帳の付込欄があったとしても、証書の作成と通帳の付込みが各別に行われることとなり、証書は証書として、通帳は通帳として印紙をはることになります。

四　共同作成の文書というもの

ついでに、共同作成の文書についても述べておきます。

一つの契約書を二以上の人が共同して作成した場合には、その課税文書を作成した人全員が連帯して印紙税を納付する義務があります。

共同作成の文書というのは、例えば、次ページのように二人以上が連記するなどして、署名また

印 紙

○○○契約書

……………………………………………………

……………………………………………………

……………………………………………………

甲　山本　一郎　㊞

乙　中村　二郎　㊞

は押印している文書をいいます。

同じ内容の契約書を二通以上共同して作成し、それを共同作成した各人がそれぞれ各一通ずつ所持している場合は、自分の所持する文書は自分がそれぞれ印紙をはることとし、自分のものは自分が正しく印紙税を納付していたとしても、ほかの人が印紙をはっていなければ、そのほかの人の所持する印紙をはっていないものについても、過怠税を徴収されることになります。

例えば、ある不動産の売買業者が多数の地主から土地の買収を行い、土地の売買契約書を共同して作成し、一通はその不動産の売買業者が、他のものは地主が所持し、その印紙税は、それぞれ所持する人がそれぞれ印紙をはるという約束をしていましたが、後日地主の所持する売買契約書に印紙をはっていないことがわかったとします。

このような場合には、地主はもちろん、不動産の売買業者も過怠税納付の義務を課されることになります。

これは、一つの課税文書を二人以上が共同して作成した場合には、その二人以上の人はその課税文書について連帯して印紙税を納付する義務が生ずるからです。

くり返しますと、課税文書を共同作成者各人が一通ずつ所持し、一方の課税文書に印紙がはられ、他の課税文書に印紙をはっていない時には、たとえ自分の所持するものに印紙をはっていたとしても、他の課税文書にも印紙税の納税義務があります。

したがって、共同作成されたある課税文書に印紙をはっていない場合には、その共同作成者全員に対して過怠税徴収の通知が来ることになっています。

ただ、共同作成された全員に過怠税徴収の通知はされますが、いずれかの人が過怠税を納付すれば、他の人の過怠税の納税義務はなくなり、過怠税を納付する必要はありません。

このように、課税文書を共同で作成し、自分のものには自分が印紙をはったとしても、他の人が所持するものに印紙をはっていない場合には、「自分のものは自分がはっている。」という主張をしても聞き入れてくれませんので、くれぐれも注意する必要があります。

Part4

契約書をめぐって

——その範囲と印紙税で重要なもの——

一　代表的課税文書としての契約書

このパートでは、印紙税の課税文書のうち、特に契約書についてまとめて述べることにします。

契約書とは、一般に、契約関係を証明する文書のことをいいます。

契約書は、今日のように経済取引が複雑になればなるほどその内容も複雑になるとともに、その重要性を増してきます。というのは、契約書は、当事者間の契約の内容を明らかにするだけにとどまらず、その取引を立証することや第三者に対して契約の内容を公示するとともに、それを主張することができる、などの機能をもっているためです。

わが国では、契約書に関する一般的な法律の規定はなく、その形式、作成方法、記載事項などは、経済取引の実態に適合するよう、広く契約当事者の実際に委ねられています。

例えば、標題ひとつをみても、契約書、契約証書、約定書、協定書、念書、覚書などさまざまです。

これがまた、印紙税法上の契約書に当たるかどうかという判断をむずかしくしているのです。

それでは、印紙税が課税される契約書には、どんなものがあるかとなると、不動産売買契約書、消費貸借契約書、請負契約書などが頭に浮かびますが、もちろんこれだけではありません。

印紙税法上の契約書とは、契約証書、協定書、約定書その他名称のいかんを問わず、契約（その予約を含みます。）の成立、更改または契約の内容の変更、補充の事実を証すべき文書をいいます。

さらに、念書、請書その他契約当事者の一方のみが作成する文書、契約の当事者の全部または一部の署名を欠く文書で当事者の了解または商慣習に基づき契約の成立、更改または契約の内容の変更、補充の事実を証することとされているものも、契約書とされています。

これを、もう少し、くわしく説明しましょう。

まず、契約の成立、更改または契約の内容の変更、補充の事実を証すべき文書は契約書に当たります。

契約とは、民法の範囲になりますが、相対する二人以上の当事者の意思表示が合致することです。例えば、ある二人の間で「この土地を売ろう」という意思表示と、「その土地を買おう」という意思表示が合致すれば契約が成立したことになります。

そして、この契約には、予約も含まれます。

ここで、「……を証すべき文書」とは、その内容を証明する目的で作成し、その効用を有する文書をいいます。

例えば、次ページの「預金残高証明書」は、預金の寄託契約に基づくある一定の日の預金残高を証明することを内容とするものであって、契約書とはなりません。

また、社債券は、金銭を借用するという契約に基づいて発行するものですが、その作成目的は、契約に基づく権利を証券に表彰することですから、契約書にはなりません。

預金残高証明書

殿

預金種類	金額	備考

平成　　年　　月　　日現在の□□□□名義の預金残高は上記のとおりであることを証明いたします。

平成　　年　　月　　日

株式会社 □ □ 銀行㊞

このように、印紙税法上における契約書とは、契約の成立、更改または契約の内容の変更、補充を証すべき文書をいいます。

そして、契約の成立、更改または契約の内容の変更、補充を証明する目的で作成され、その効用がある限り、その名称のいかんを問いません。

例えば、その名称には、まず、文字どおり、契約書というものがあります。

契約証書、協定書、約定書、請書、念書、覚書というものもあります。

確認書、決定書、指示書、承諾書、打合書、承認書、○○証、承り書、引受書、差入書、指図書、回答書というものもありましょう。

中には、○○伝票、承り票と称するものにも、契約書になるものがあります。

また、申込書、注文書、依頼書、通知書、明細書といわれるものは、一般には契約書にはなりませんが、記載内容次第で、契約書とされる場合があります。

これらについては、Ｐａｒｔ５でまた述べることにします。

要は、その文書が、当事者間において契約の成立、更改または契約の内容の変更、補充の事実を証明する効用を有する文書で、その契約の成立などを証明する目的で作成するものである限り、名称はどうであれ、それは契約書になります。

また、契約書になる限り、その内容が予約契約といわれるものであっても、仮契約といわれるものあるいは停止条件付や解除条件付のものであっても同じです。

さらに、同じ内容のものが何通あったとしても、いずれも契約書になるのです。

なお、契約書になるかどうかの具体的な文書の判断については、Ｐａｒｔ３の課税文書の判断のしかたで述べたところがそのまま当てはまります。

二　請負契約書とその周辺

■請負契約書にもいろいろある

印紙をはる必要がある契約書には、請負に関する契約書など各種の契約書があります。

請負に関する契約書と不動産の譲渡に関する契約書は、その契約書に記載された契約金額により、はるべき印紙の額が異なっています。

そのうえ、請負に関する契約書と不動産の譲渡に関する契約書とでは、それぞれに同じ金額の契約金額が記載されているものであっても、はるべき印紙の額が違ってきます。

また、請負に関する契約書は、印紙をはる必要がありますが、請負に関する契約書に類似する委任に関する契約書や物品の売買に関する契約書には継続的取引の基本となる契約書になるものを除いて印紙をはる必要がありません（二〇九ページ参照）。

さらに、不動産の譲渡に関する契約書は、記載された契約金額によりはるべき印紙の額が異なりますが、債権の譲渡に関する契約書は、その契約書に記載された契約金額が一万円以上のものや契約金額の記載のないものは、一律に二〇〇円の印紙をはることになります。

このように、ある契約書に印紙をはる必要があるかどうかで、その契約書が請負契約か売買契約かあるいは委任契約か、さらには物品の売買契約のいずれを証するものであるかは、非常に重要なことです。

ある契約書の標題が、例えば「工事請負契約書」とか「建築請負契約書」となっているもの、あるいはその記載内容が「……請負契約を締結する。」などとなっているものは、「請負に関する契約書」になることは明らかでしょう。

同じように、ある契約書の標題が「建物売買契約書」とか「債権売買契約書」となっているもの、あるいは「……のとおり売買契約を締結する。」などと記載されているものは、その売買の目

印紙

注 文 請 書

平成　　年　　月　　日

注文者　　　　　　御中

受注者　　　　　　　　㊞

品　　物	数量	単　　価	金　　額
		円	円

受渡場所		支払条件		その他	

備考

的物となっているものが不動産か債権かにより、「不動産の譲渡に関する契約書」か「債権の譲渡に関する契約書」になることは明らかです。

ここで、上記のような「注文請書」についてみてみましょう。

標題のみでは、請負の注文を受けたものか不動産や物品の売買の注文を受けたものか、直ちに判断することはできません。

記載内容によって「○○工事」とか「○○組立」とか請負契約と判断できる文言があるものは、「請負に関する契約書」になることはもちろんです。

しかし、その記載内容が、「○○機械」、「○○物品」とだけ記載されているものは、「○○機械」または「○○物品」の製作などを行う請負であるのか、あるいは「○○機械」または「○○物品」の売買であるのか、すなわち、この「注文請書」が「請負に関する契約書」になるのか、印紙税の課税対象にはならない「物品の譲渡契約書」になるのか、迷ってしまいます。

■請負と売買はどこが違う?

請負とは、当事者の一方である請負人がある仕事を完成し、相手方である注文者がその仕事の結果に対して報酬を支払うという契約をいいます。

「仕事」とは、労務の供給によってもたらされる結果をいうのであり、それは、土木工事、家屋建築、船舶建造、物品の製作、物品の加工、物品の修理などの有形的なものに限らず、論文の作成、講演、演技などの無形的なものや、機械の保守、警備などいろいろなものが含まれます。

請負は、完成された仕事の結果を目的とする点に特色がありますが、仕事の結果たる物の所有権を移転するという関係が生ずる場合には、売買と共通点を有し、他人の労務を利用目的とする契約である点では、雇用や委任と類似してきます。

まず、売買との比較では、請負は、仕事の完成を目的とするものであり、不動産や物品の売買は財産権の移転を目的とするものです。

しかし、具体的事例について、それが請負と売買とのいずれになるかを判断することは、必ずしも容易なことではありません。

もちろん、その契約内容が論文の作成のような無形的な仕事の結果を目的とするものである場合、注文者の所有物に加工または修理を加える場合、注文者が主たる材料や原料を供給する場合などは、仕事の結果である目的物の所有権を移転するという関係は生じませんから、これは請負となり、売買とは共通点を持ちません。

これに対し、それが製作者の調達した材料を用いて物品を製作し、供給するものである場合は、見方によっては、請負ともなりますし、また、売買、すなわち、物品の譲渡ともなりますから、その区別は容易なものではないのです。

さきの「注文請書」についてみますと、この「注文請書」が、注文者の提供した材料で機械を製作することを内容とするものであれば、「請負に関する契約書」になり、印紙税の課税対象になります。

また、これとは反対に、機械の所有権の移転を内容とするものであれば、売買、すなわち、「物品の譲渡契約書」になり、印紙税の課税対象になりません。

それでは、製作者である請負人の調達する材料で注文に応じた機械を製作することを内容とするものであればどうでしょうか。

このようなものは、「請負に関する契約書」になるということでしょう。

また、さきの「注文請書」において、その目的物が建物の場合はどうでしょうか。

建物の建築を内容とするものは、通常は、「請負に関する契約書」になります。

しかし、その建物がプレハブ建築による場合であるときはどうでしょうか。

このようにみていきますと、「請負に関する契約書」、「不動産の譲渡に関する契約書」または「物品の譲渡契約書」の区分、すなわち、請負と売買の区別がますます困難となってきます。

そこで、このようなことを解決するために、いわゆる製作物供給契約について、説明する必要があります。

■製作物供給契約というもの

製作物供給契約とは、当事者の一方が相手方の注文に応じ、専らまたは主として自己の材料を用いて、相手方の注文した物品を製作し、供給することを約し、相手方がこれに対して報酬を支払うことを約する契約をいうとされています。

この製作物供給契約の性質については、古くから議論のあるところであり、当事者の意思を標準とし、当事者の意思が仕事の完成を契約の目的とするときは請負であり、目的物の所有権移転を契約の目的とするときは売買、すなわち、不動産または物品の譲渡だとする考え方や、常に請負と売買の混合契約であるという考え方、さらには製作物の代替物に着目し、製作する物が代替物であるか不代替物であるかにより区別するという考え方があるわけです。

これについての印紙税法の考え方としては、請負か売買の区別、すなわち、ある契約書が「請負に関する契約書」か「不動産の譲渡に関する契約書」または「物品の譲渡契約書」かの区別は、契約当事者の意思が仕事の完成を契約の目的としているか、不動産または物品の譲渡を契約の目的としているかを基準として判断することになりますが、その判別が困難なものについては、おおむね次のような基準でこれを判断することになっています。

これは、平たく言えば、契約書を作成する場合に、その契約当事者が、注文した目的物を、〝造る〟あるいは〝造ってもらう〟という気持ちか、または〝売買しよう〟という気持ちであるかということになっているといってよいでしょう。

■請負に関する契約書となるもの

(1) 注文者の指示に基づき、一定の仕様または規格などに従い、製作者の労務により工作物を建設することを内容とする契約書

例……家屋の建築、道路の建設、橋りょうの架設などを内容とする契約書

(2) 注文者が材料の全部または主要部分を提供し、製作者がこれによって一定の物品を製作することを内容とする契約書

例……生地提供による洋服やワイシャツなどの仕立て、材料支給による物品の製作などを内容とする契約書

(3) 製作者の材料を用いて、注文者の設計または指示した規格などに従い、一定の物品を製作することを内容とする契約書

例……船舶、車輌、機械、家具などの製作、洋服の仕立てなどを内容とする契約書

(4) 一定の物品を一定の場所に取り付けることにより所有権を移転することを内容とする契約書

例……大型機械の据付けを内容とする契約書

なお、取付行為が簡単であって、特別の技術を要しないものは、「物品の譲渡契約書」になります。

(5) 修理または加工することを内容とする契約書

例……建物、機械などの修理、塗装、物品の加工などを内容とする契約書

■売買契約書とされるもの

(1) 製作者が工作物をあらかじめ一定の規格で統一し、それにそれぞれの価格を付して注文を受け、その規格に従い工作物を製作し、供給することを内容とする契約書

例……建売住宅の供給などを内容とする契約書

(2) あらかじめ一定の規格で統一された物品を、注文に応じ製作者の材料を用いて製作し、供給することを内容とする契約書

例……カタログまたは見本による機械、家具などの供給を内容とする契約書

なお、その契約書がいずれとも判断することができない場合には、請負に関することがらとその他のことがら（売買）に関することがらが併記または混合して記載されているとして「請負に関す

る契約書」となることになっています。

■請負は委任などとも似たところがある

次は請負と委任、雇用などの労務供給契約との関係です。

請負は、労務ないし労働力によってなされる結果を目的とするのに対し、委任は、労務ないし労働力それ自体の給付を目的とします。

また、雇用は、労務ないし労働力それ自体の給付を目的とするものですが、その労務給付は、使用者の指揮命令のもとに行われるところに特色があります。

つまり、これらの契約の区別については、労務の結果が契約の目的となっているかどうかでは、請負がそうであり、委任と雇用はそうではありません。

また、労務の給付の点において独立性があるかどうかは、請負と委任は独立性を有しますが、雇用は独立性がなく、使用者の指揮命令に服するものです。

しかしながら、実際上は、このような労務供給契約の区別は、必ずしも明確なものではなく、ある特定の者の労務供給契約であっても、その契約の仕方によって、請負にも委任にも、あるいは雇用にもなり得ることがあります。

例えば、医者、弁護士などの労務供給契約は、一般には委任と考えられていますが、その労務供給が会社の従業員としてのものであるときは、雇用であるし、また、労務供給によってなされる結

印紙

出　演　契　約　書

□□□□興行株式会社取締役□□□□（以下甲と称す。）と□□□□（以下乙と称す。）との間に、次の通り専属契約を締結する。

第１条　乙は甲の経営する劇場、映画館以外に出演する場合は、事前に甲の承諾を得て出演するものとする。

第２条　乙は甲経営の劇場で行なう演劇に年間　　日間出演する義務を有する。

第３条　甲が指示した座館に乙の都合で一時出演不能の場合の契約日数については、その都度甲乙双方協議の上決定する。

第４条　甲の取得したラジオ、テレビ放送への乙の出演については、交渉その他一切の業務を甲において専ら行うものとする。ただし、この場合、甲は乙の意思を尊重する。乙が取得した放送出演については、乙の自由とする。ただしこの場合乙は甲の意思を尊重する。

第５条　第２条および第４条における出演企画は、甲の企画が優先する。

第６条　甲は乙に対して出演契約料として本契約成立後、直ちに金　　　　円を現金にて支払う。

第７条　本契約期間は、平成　　年　　月　　日より平成　　年　　月　　日までの　　か年とする。

第８条　本契約期間中乙側において生じた一身上の都合により、乙が出演資格を喪失した時は、乙は甲に対して直ちに契約金の倍額を賠償として支払うものとする。

第９条　本契約は不可抗力に原因するほかは解除することはできないものとする。

第10条　甲乙いずれかが前条までの契約を履行しなかったとき、その不履行者が甲である場合は第６条に掲げる契約料相当額を、不履行者が乙である場合は、同契約料の三倍額を違約金として相手方に支払わねばならない。

以上契約の証として、本書２通を作成し双方署名捺印の上各１通を保有する。

平成　　年　　月　　日

甲　　　　　　　　㊞

乙　　　　　　　　㊞

果（病気の全治、勝訴などを条件とすること）を目的として明記している場合は、請負と判断されるケースも考えられるでしょう。

労務供給に関する契約書には、広告請負契約書、清掃請負契約書、エレベーター、事務機器、暖房機器などの保守契約書、警備保障契約書、修理契約書などがありますが、これらは「請負に関する契約書」となりましょう。

プロ野球の選手、プロボクサー、プロレスラー、映画・演劇の俳優、音楽家、舞踊家などの役務提供契約は請負とされることになっています。すなわち、例えば、前ページの「出演契約書」や「専属契約書」などは「請負に関する契約書」になるということです。

これに対し、「訴訟委任契約書」や「経営委任契約書」などは、「委任に関する契約書」になります。

ここで注意したいのは、請負と委任との区分において、労務供給契約としての研究や試験などを委託することを内容とするもの、技術援助を内容とするもの、計算事務などの業務委託を内容とするものがあることです。

研究や試験などを委託することを内容とするものは、一般的には相手方の有する知識、経験、才能などを利用して、ある目的について研究や試験をするという事務処理を委託することを内容とするものであり、委任に関する契約書になります。

技術援助を内容とするものについては、ノウハウを提供することのみを内容とするものは印紙をはる必要はなく、また、技術員を派遣して技術指導することは、技術の指導という事務処理を委託するものですから、委任に関する契約書となります。ただ、技術指導の効果に対して報酬が支払われるような仕事の完成を内容とするものは、請負に関する契約書になります。

また、計算事務などの業務委託を内容とするものはなかなかむずかしい面があり、具体的には個々の実態などによって判断することになりますが、仕事の内容が特定していて、報酬の支払が仕事の結果と対応関係にあるのは請負であり、仕事の内容が相手方の処理に委ねられていて、仕事の成否の有無を問わずに報酬が支払われるものは、委任ということができましょう。例えば、電子計算機を用いたデータ入力などの情報処理業務や相手方の仕様に基づく帳票類の作成事務など、完成した物の引渡しを受けることを目的とするようなものは、おおむね請負ということができましょう。

なお、雇用契約書や継続的取引の基本となる契約書にならない委任の契約書には、印紙をはる必要はありません。

■請負に関する契約書の記載金額

「請負に関する契約書」にはるべき印紙の額は、その契約書に記載された契約金額により異なります。

「建築請負契約書」の場合は建築請負金額が、「修理契約書」の場合は修理金額が、「物品加工契約書」の場合は加工金額が、「出演契約書」の場合は、出演料がそれぞれ記載金額となります。

機械保守契約書や警備保障契約書のように、月単位などで請負金額が記載されている場合は、月単位などの請負金額に契約月数などを乗じて請負金額を求めることになります。その月単位などの請負金額が最低保障請負金額であっても同様です。

また、前にもふれていますが（三二ページ）、請負と売買とが併記された契約書、例えば、取付工事を伴う機械の売買契約書については、その契約書は、「請負に関する契約書」となります。

この場合、機械の売買代金と取付料が合計で記載されている場合は、その合計で記載された金額がその契約書の記載金額となり、その記載金額に応じて印紙をはることになります。

これに対し、機械の売買代金と取付料が区分して記載されている場合は、取付料として記載された金額がその契約書の記載金額となります。

例えば、

「○○機械及び取付料　一、一○○万円」や、

「機械（取付料を含む。）　一、一○○万円」

と記載されているものは、一、一○○万円について二万円（機械の取付作業が機械器具設置工事などの建設工事に当てはまるものである場合は後述する軽減税率の適用により一万円）の印紙を、

「○○機械　一、○○○万円
取付料　一○○万円

計　　一、一〇〇万円」

と記載されているものは、一〇〇万円について二〇〇円の印紙を、それぞれはることになり、記載の仕方によって大きな差が出てきます。

簡単に記載しないようにすることが賢明でしょう。

また、請負契約においては、契約締結後の情勢に応じて、しばしば請負金額を変更する場合があります。

このような場合にも、その記載の仕方によって大きな差が出てきますから、十分注意する必要があります（三四ページ参照）。

なお、「請負に関する契約書」は、その記載内容によって、「継続的取引の基本となる契約書」になるものがあります。

「継続的取引の基本となる契約書」については、次項で述べることにしましょう。

三　「継続的取引の基本となる契約書」の範囲

「継続的取引の基本となる契約書」とは、文字どおり、継続する取引の基本的事項を定める契約書をいいます。

契約書には、基本的なことがらについて定めた契約書と、個別的なことがらについて定めた契約

印　紙

製品売買基本契約書

□□電気工業株式会社（以下甲という。）と、□□電気商事株式会社（以下乙という。）とは、第１条に定める甲の製造する電気器具（以下単に製品という。）の継続的売買について共通して適用される基本的事項を定めるため、下記のとおり、契約を締結する。

第１条（売買の目的物）　この契約によって売買される製品は、電気器具一切とする。

書があります。

また、一回限りの契約について定めた契約書もあれば、何回となく同じことを反復継続する契約について基本的なことがらを定めた契約書もあります。

例えば、A電気工業株式会社がB電気商事株式会社にテレビを一、〇〇〇台販売することを定めた契約書は、個別的なことがら、すなわち、一回限りの取引について定めた契約書であり、個々の契約が締結されるつど作成される個別契約書です。

また、C石油株式会社がD石油産業株式会社に継続して石油を販売することについて定めた契約書は、その販売について基本的なことがらを定めた契約書であり、将来、継続的に行われる契約や取引について、共通して適用される単価や代金支払方法などの基本的なことがらを、あらかじめまとめて定める基本契約書です。

基本契約書は、将来、同じ内容をもった取引が継続的に行われる場合、その個々の取引のつどの個別契約書の作成を省略したり、またはその契約内容を簡略化し、あらかじめ、将来、継続的に行われる契約に共通して適用される取引条件をまとめて定めているもので、その個々の契約や取引に当たっては、全く文書を作成しないか、あるいは簡単な契約書かまたは注文書と請書だけですますというものです。

基本契約書は、その前文はおおむね前ページの「製品売買基本契約書」のようになっているのが普通です。

■「継続的取引の基本となる契約書」とは

印紙税法にいう継続的取引の基本となる契約書は、一般に、いま説明したような基本契約書をいいますが、具体的には、印紙税法別表第一の課税物件表の第七号に、

「特約店契約書、代理店契約書、銀行取引約定書その他の契約書で、特定の相手方との間に継続的に生ずる取引の基本となるもののうち、印紙税法施行令第二十六条に定めるものをいう。」

と規定しています。

したがって、特定の相手方との間に継続的に生ずる取引の基本となるものを定めた基本契約書になるものであっても、それが印紙税法施行令第二十六条に定めるものにあてはまらないかぎり、印

紙税法にいう「継続的取引の基本となる契約書」にはなりません。

また、印紙税法別表第一の課税物件表の第七号には、

「契約期間の記載のあるもののうち、その契約期間が三月以内であり、かつ、更新に関する定めのないものを除く。」

とされ、このようなものも、「継続的取引の基本となる契約書」から除かれています。

まず、この契約期間に関しては、基本契約書に契約期間が記載されているものと、記載されていないものがあります。

契約期間によって「継続的取引の基本となる契約書」から除かれているものは、その契約書に契約期間が記載されていて、その契約期間が三月以内であり、しかも、更新に関する定めのないものですから、まず、契約期間の記載のないものについては、「継続的取引の基本となる契約書」から除かれることはありません。

次に、契約期間が記載されているものについては、その契約期間が三月をこえるものは除かれませんし、また、その契約期間が三月以内のものであっても、更新に関する定めのあるものは除かれません。

契約期間について、具体的に説明しますと、次のようになります。

第○○条（解約）　この契約は、甲乙いずれからでも、三月前の予告をもって解約することが

できる。

このうち、三月前というのは、解約予告期間であって、契約期間ではありません。また、他の条に契約期間が記載されていない場合は、この契約書は契約期間の記載のないものとなります。

第〇〇条（存続期間）　この契約期間は、平成三十年四月一日から平成三十一年三月三十一日までとする。ただし、期間満了の一月前までに、甲乙いずれか一方から文書によりなんら異議の申出がないときは、この契約はさらに一年間延長されるものとする。

この契約書に記載されている契約期間は、一年間（平成三十年四月一日から平成三十一年三月三十一日まで）であり、更新に関する定め（ただし書以下の部分）があるものです。

なお、一月前というのは、ここでも更新の場合の猶予期間であって、契約期間ではありません。

■第一グループ――特約店契約書

さて、「継続的取引の基本となる契約書」とは、具体的には、印紙税法施行令第二十六条に定められているものをいいます。

印紙税法施行令第二十六条では、これらを五つのグループに分けて定めています。

まず、その第一のグループは、「特約店契約書その他名称のいかんを問わず、営業者の間において、売買、売買の委託、運送、運送取扱いまたは請負に関する二以上の取引を継続して行うため作成される契約書で、その二以上の取引に共通して適用される取引条件のうち目的物の種類、取扱数量、単価、対価の支払方法、債務不履行の場合の損害賠償の方法または再販売価格を定めるもの」です。

例えば、一〇二ページの「特約店契約書」や一〇三ページの「運送取扱基本契約書」のようなものです。

したがって、このグループに当てはまる文書とされるには、四つの条件が必要です。

① 特約店契約書その他名称のいかんを問わないこと。

このグループにあてはまる契約書の名称としては、特約店契約書、取引約定書、商取引基本契約書、特約店販売契約書、再販売価格維持契約書といわれるものが多く見受けられますが、そのほかにも、いろいろの名称のものがあり、その名称のみで判断することはできません。

② 営業者間の契約について作成されるものであること。

営業者とは、一般的には営業を行っている者、すなわち、株式会社や有限会社などの会社、個人商店などの個人営業者をいいます。

印紙税法では、このほか、もともとの営業者ではありませんが、その事業の実態などからみて、営業者に含めているものがあります。

印紙

特約店契約書

□□レーヨン株式会社(以下甲と称す。)が株式会社□□商店(以下乙と称す。)に対し、将来継続的に甲の製造する繊維製品の販売をなすにあたり、下記の条項に従うことを約定する。

第1条（目的）　甲は乙の請求にもとづき、甲の製造する繊維製品を継続的に乙に販売する。

第2条（目的物）　販売数量および販売代金ならびに商品の内容は、その都度乙より甲に対して注文表を掲示し、これにもとづいて行う。その際、甲は乙に対して、商品の建値表を掲示し、乙はこれにもとづいて注文を発する。

〜〜〜〜〜〜

第8条（代金の支払）　甲は、毎月25日に、乙に対する前月の26日からその月の25日までの納入高を締切り、乙に対して支払いを請求する。この請求を受けた乙は、その月末限り、請求金額を現金によって甲に支払わなければならない。ただし、乙は甲の承諾のもとに翌月末日を支払期日とする約束手形を振出して、その支払いに充てることもできる。

第9条（保証金）　乙は、この契約の調印と同時に、保証金として金　　万円を甲に預託する。この保証金の効力については別に定めるところによる。

〜〜〜〜〜〜

第13条（根保証）　□□物産株式会社（以下丙と称す。）は、乙の保証人となり、本取引契約にもとづき、乙が将来甲に対して負担する債務を、金　　万円を限度として、乙と連帯して支払う責任を負うことを約する。

第14条（存続期間）　この契約の存続期間は、本契約締結後5年間とする。ただし、甲は、何時でもこの契約を解除できる。

第15条（期限の到来）　乙が第三者より強制執行を受け、または銀行取引停止処分を受け、そのほか第三者より破産の申立てを受け、または自ら会社更生手続の開始を申立てた場合には、乙の甲に対する買掛金債務は、当然に支払期限が到来したものとする。

第16条（遅延損害金）　乙が甲に対する代金の支払いを怠った場合、乙は甲に対して、支払日の翌日より支払済みに至るまで、日歩　銭の割合による遅延損害金を支払う。

この契約の成立を証するため、本契約書3通を作成し、甲、乙、丙、各1通を保存する。

平成　　年　　月　　日

（甲）　　　　　　㊞

（乙）　　　　　　㊞

（丙）　　　　　　㊞

印紙

運送取扱基本契約書

□□運輸株式会社（以下甲という。）と□□運送株式会社（以下乙という。）および□□株式会社（以下丙という。）は丙の製品の運送取扱いに関して、下記の契約を締結する。

（契約の範囲）

第1条　丙のために、甲は丙製品の運送に当たり、乙は運送取扱いを担当するものとする。

（貨物の受渡方法および運送責任の分野）

第2条　貨物の甲乙両者間における発着扱いは送状ならびに手板（積荷明細書）と荷物を照合して受渡しする。

発送貨物は自動車に積込時点より甲の責任とする。到着貨物は自動車より取下し、乙が送状と貨物の照合をなしたる時点より乙の責任とする。

（運送および料金の請求支払いならびにその方法）

第5条　乙は、貨物運送および之に附帯する諸料金を毎月15日をもって締切計算をなし、毎月20日までに丙に請求書を提出し、丙は、当月末日までに現金で甲乙にこれを支払う。

（契約の期間）

第6条　本契約は平成　　年　　月　　日から満1年間の効力を有する。

ただし、期間満了前1か月前までに当事者のいずれかから異議申立てなき場合は逐次1年間更新する。

（契約解除および改変の事項）

第7条　本契約の条項中、運送上契約の継続を不適当と認めたときは、甲乙および丙協議の上これを改変する。

上記のとおり運送取扱いに関する協定をなし、甲乙および丙にて各々1通を保有する。

平成　　年　　月　　日

甲　　　　㊞

乙　　　　㊞

丙　　　　㊞

それは、会社以外の法人で、法令の規定または定款の定めにより利益金または剰余金の配当または分配をすることができることとなっているものが、その出資者以外の者に対して行う事業について、これを営業とみて、その法人が営業者になるというものです。

例えば、農業協同組合、信用金庫、消費生活協同組合などは、営利法人ではありません。

しかし、これらの法人が、その出資者以外の者に対して行う事業（例えば物品の販売）は、営業になるということで、この場合には、その法人が営業者となるわけです。

このことを逆にいえば、もともとの営業者について一定の場合には営業から除かれることもあるということです。

つまり、前述の会社以外の法人で、法令の規定または定款の定めにより利益金または剰余金の配当または分配をすることができるもの、例えば、農業協同組合、信用金庫、消費生活協同組合などの法人の出資者である営業者が、その法人に対して営業を行う場合、例えば、信用金庫の会員である商店が、その信用金庫に商品を販売する場合には、その販売という営業は営業から除かれ、その販売についてはその出資者である商店は、営業者になりません。

次に、「営業者の間において……」ということは、継続的取引を行う者のいずれもが営業者であるということです。

ここで、注意を要するのは、営業者が消費者の立場に立つときも営業者となるということです。

つまり、消費者といわれる立場にある者のなかにも営業者となるものが多数あります。

例えば、商品を販売する株式会社は営業者になります。

その株式会社が、自社の車に使用するガソリンをガソリンスタンドから購入する場合には、消費者の立場になります。

ただ、このような場合でも、その商品を販売する株式会社は、商品販売の面でのみ営業者となるのではなく、ガソリンの売買取引の面でも営業者となります。

会社が自社で使用する事務用品や消耗品などを文房具店などから継続して購入する場合の契約も、「営業者の間において……」になります。

例えば、次ページの「給油契約書」をみてください。

この「給油契約書」は、ガソリンスタンドとガソリン購入者との間において継続してガソリンの給油、すなわち売買を行うための契約書で、売買の目的物や代金の支払方法、価格などが定められており、課税対象外の「物品の譲渡契約書」に当たるほか、購入者が営業者である場合は、かりにその営業者がその購入するガソリンを自家用に消費するときであっても、「継続的取引の基本となる契約書」になり、一通につき、四、〇〇〇円の印紙をはることになります。

これに対して、購入者が営業者でないサラリーマンなどの場合には、その取引は営業者の間で行われるものでありませんから、「継続的取引の基本となる契約書」にはならず、「物品の譲渡契約書」となり、印紙税の課税対象にはなりません。

③ 売買、売買の委託、運送、運送取扱いまたは請負に関する二以上の取引を継続して行うため

印紙

給油契約書

給油所御中

購入者	住所		
	社名（又は名称）		
	代表者名（又は氏名）		
	職種		電話　局　番

取引条件	支払方法	毎月　日締切		毎月　日現金払		
	品名	高オクタン自揮	自揮			
	価格					
	上記価格は税額その他の変動等に依り改定する。従って改定後における上記価格は自動的に改定後の価格に訂正されたものとする。					

上記の取引条件にて燃料油等の購入を致します。

平成　年　月　日

購入者　住所＿＿＿＿＿＿＿＿

社名（又は名称）＿＿＿＿＿＿＿＿

代表者名（又は氏名）＿＿＿＿＿＿＿＿ ㊞

本取引において生じた購入者の債務を連帯して保証致します。

保証人　住所＿＿＿＿＿＿＿＿

氏名＿＿＿＿＿＿＿＿ ㊞

保証人　住所＿＿＿＿＿＿＿＿

氏名＿＿＿＿＿＿＿＿ ㊞

のものであること。

二以上の取引とは、継続取引を意味しています。

したがって、個別契約は、はじめから除外されます。

具体的には、「将来継続して甲の商品を売買するため……」とか、「継続的に貴社の販売する商品を買い受けるについて……」とか記載されているものは、二以上の取引を継続して行うための契約書になります。

また、商品の販売や運送を継続して行うもののほか、エレベーターや各種の機械、事務機器などの保守、修理を継続して行うための「エレベーター保守契約書」や「機器保守、修理契約書」などは、二以上の取引を継続して行うための契約書になります。

ただし、例えば、次ページの「自動車割賦販売契約書」や「商品販売契約書」のように、自動車一台を売買し、その売買代金を一〇回に分割して支払うこととする契約書や、〇〇機械一〇台の売買契約を締結し、これを五台ずつ二回に分割して納入することとする契約書は、自動車一台または〇〇機械一〇台の個別の売買契約であって、自動車や機械を継続して売買するという契約書ではありませんので、このようなものは、「継続的取引の基本となる契約書」とはなりません。

なお、ここにいう売買の委託とは、特定の物品などを販売し、または購入することを相手方に委託することをいいます。
④　二以上の取引に共通して適用される取引条件のうち目的物の種類、取扱数量、単価、対価の

自動車割賦販売契約書

□□自動車販売株式会社（以下甲という。）と□□□□（以下乙という。）は、自動車の売買に関して、下記のとおり契約する。

第１条（目的）　甲は乙に対して下記自動車（以下自動車という。）を、第２条の約定によって売渡し、乙はこれを買受けた。

（自動車の詳細は省略）

第２条（売買代金）　この自動車の売買代金は金　　　万円とする。乙は、この代金中金　　　万円を、本契約締結と同時に甲に支払い、甲はこれを受領した。残額　　　万円は、下記のとおり分割して支払うものとする。

金額	支払期日
金　　　万円	平成　　年　　月　　日
金　　　万円	平成　　年　　月　　日
金　　　万円	平成　　年　　月　　日

商品販売契約書

□□機械工業株式会社(以下甲という。)と△△建設株式会社(以下乙という。)とは、甲の製品の売買に関して、下記のとおり契約する。

第１条（目的）　甲は、その製造する○○機械10台を乙に売渡し、乙はこれを買受けることを約定する。

第２条(製品の引渡し)　製品の引渡しは、下記のとおり分割して乙の　　　現場において、甲乙の各係員立会のもとに行なうものとする。

台　数	引渡年月日
５台	平成　　年　　月　　日
５台	平成　　年　　月　　日

支払方法、債務不履行の場合の損害賠償の方法または再販売価格を定める契約書であること。

まず、「目的物の種類」とは、取引の対象となるものをいい、売買にあっては売買の目的物、請負にあっては仕事の種類や内容をいいます。

また、それが取引の対象として特定されている以上、必ずしも具体性があるものとは限らず、例えば、「電気器具一切」と記載されているものも、目的物の種類を定めたものになります。

例えば、

第○○条（売買の目的物） この契約にもとづき売買の目的となる物品は、電気器具、部品類一切とする。

○○薬品株式会社（以下甲という。）と○○薬品販売株式会社（以下乙という。）とは、継続して甲の販売する医薬品を売買するため、次のとおり売買基本契約を締結する。

というように記載されている場合の「電気器具、部品類」や「医薬品」が、これに当たります。

「取扱数量」とは、例えば、「一月当たりの取引数量は一〇〇台以上とする。」というように、一取引当たりまたは一月当たりなど、その取引の対象となるべきものの数量です。

「単価」とは、一単位当たりの価格をいい、「一個当たりの単価を○○円とする。」とか「一台当たりの運送料を○○円とする。」といった場合の○○円のことです。

「対価の支払方法」とは、売買代金や運送料などの対価をどのような方法で支払うかということをいいます。

例えば、「売買代金は翌月二十五日に支払う。」とか「売買代金は、毎月月末に銀行口座振込みの方法により支払う。」とか、あるいは「売買代金は、その五〇%を六〇日払手形で、残りの五〇%は現金で支払う。」というものがありましょう。

「債務不履行の場合の損害賠償の方法」とは、買主が代金の支払いを怠ったり、売主が商品を引き渡さなかったり、納入された物品が不良品であった場合などのため、あらかじめ定める損害賠償の方法をいいます。例えば、次のようなものです。

第○○条　乙が代金の支払を怠ったときは、日歩五銭の割合による損害金を支払う。

第○○条　売主が商品の納入を怠ったときは、一日○○○円の割合による損害金を支払う。

「再販売価格を定めるもの」とは、私的独占の禁止及び公正取引の確保に関する法律第二十三条に規定する再販売価格を定めるものをいいます。

再販売価格を定める契約書としては、「再販売価格維持契約書」があります。

■第二グループ――代理店契約書

さて、第二のグループは、「代理店契約書、業務委託契約書その他名称のいかんを問わず、売買に関する業務、金融機関の業務、保険募集の業務または株式の発行もしくは名義書換えの事務を継続して委託するため作成される契約書で、委託される業務または事務の範囲または対価の支払方法を定めるもの」です。

このグループにあてはまる文書としては、例えば、次ページのような「代理店契約書」があります。

①　代理店契約書、業務委託契約書その他名称のいかんを問わないこと。

このグループにあてはまる契約書の名称としては、代理店契約書、業務委託契約書、商品売買取扱契約書、委任契約書といわれるものが多いのですが、そのほかにもいろいろなものがあります。

②　売買に関する業務、金融機関の業務、保険募集の業務または株式の発行もしくは名義書換えの事務を継続して委託するため作成される契約書であること。

「売買に関する業務の委託」とは、売買に関する業務の全部または一部を包括的に委託すること

印紙

代理店契約書

（甲）　　　　　　　　　　　　　　（乙）

□□工業株式会社　　　　　　　　□□商事株式会社

□□工業株式会社（以下甲と称す。）と□□商事株式会社（以下乙と称す。）の間において、甲の指定する商品を継続して甲の代理店として乙が販売することについて、下記のとおり契約を締結する。

第１条　乙は甲の指定する商品の　　府および　　県内における販売業務一切につき代理店となることを約し、本契約と同時に乙は□□□代理店と称する。よって甲、乙は相互に信頼誠実を本旨として本契約を履行する。

第２条　甲の指定する商品とは甲の製造にかかる○○類および○○製品ならびに○○類その他一切をいう。なお乙は甲の指定する商品の販売については、必ず□□□代理店の名称を付して行なう。

第３条　商品の仕切価格ならびに卸売価格は甲がこれを定め、乙に通知提示する。甲から提示された価格を乙は厳守しなければならない。

第４条　甲、乙間の商取引上の支払は、主として現金取引を原則とする。ただし、甲、乙協議の上、便宜的支払方法をとることができる。

第７条　本契約の有効期間は締結の日より向こう満１年間とし、甲、乙何れかから期間満了１か月前に解約の申出なき場合は、引き続き更新されるものとする。この場合、時期の経済情勢に則り、甲、乙協議のうえ、契約の改変ができる。

第８条　本契約書に記載なき商取引上の細部事項の取決めおよび重要事項については書面により、慣習になるものについては、商慣習に従いこれを行なう。また、そのつど甲および乙両者協議の上決定する。

以上契約を証するため本書２通を作り甲および乙署名捺印の上、各１通を保有する。

平成　　年　　月　　日

（甲）　　　　　　　　　　　　　　㊞

（乙）　　　　　　　　　　　　　　㊞

をいいます。

販売施設を所持する者がそこにおける販売業務を委託するもの、販売店の経営自体を委託するもの、さらには売買に関する業務の一部である集金業務、仕入業務、在庫管理業務、代金回収業務などを委託するものも、これに含まれるでしょう。

例えば、次ページの「食堂経営委託に関する契約書」は、食堂の経営を委託することについての契約書ですから、印紙税の課税対象となっていない「委任の契約書」にもなりますが、食堂経営という売買に関する業務を継続して委託することについて、委託する業務の範囲を定めるものですから、「継続的取引の基本となる契約書」になって、一通につき、四、〇〇〇円の印紙をはることになります。

また、一一五ページの「集金契約書」も、ガス料金の集金業務を委託するための契約書ですから、一義的には、印紙税の課税対象となっていない「委任の契約書」にもなりますが、ガスの売買に関する業務としての集金業務を継続して委託することについて、委託する業務の範囲を定めるものですから、「継続的取引の基本となる契約書」になり、結局四、〇〇〇円の印紙をはることになります。

ただ、売買に関する業務の一つである集金業務は、一般に販売業者の代理人として積極的に債務者に対して債務の履行を求めることの業務をいうものと考えられますので、顧客が銀行窓口に金銭を持参した場合には、販売業者に代ってその金銭を受領し、所定の方法で販売業者に引き渡すこと

印紙

食堂経営委託に関する契約書

（以下「甲」という。）は、（以下「乙」という。）と　食堂（以下「食堂」という。）の経営を委託することに関し、次のとおり契約を締結する。

第1条　甲は、甲の社員の福利厚生を増進する目的をもって、良質かつ低廉な飲食品を提供するため、食堂の経営を乙に委託する。

2　乙は食堂の経営にあたり、食品衛生法その他食堂経営に関する法令、規則を遵守するとともに、社員食堂としての品位および秩序の保持につとめ、前項の趣旨にそうよう最善の努力をしなければならない。

第10条　甲は、乙に対し食堂経営の委託に伴う報酬その他いかなる対価をも支払わない。

第13条　この契約の有効期間は、契約締結の日から平成　年　月　日までとする。

ただし、有効期間満了の日の2か月前までに甲、乙いずれか一方からなんらの意思表示をしないときは、契約期間満了の日の翌月から向う1か年この契約を更新したものとみなす。

上記契約の締結を証するため、本契約書2通を作成し、甲乙双方が署名なつ印のうえ、各自その1通を保有するものとする。

平成　年　月　日

甲　㊞

乙　㊞

印紙

集 金 契 約 書

ガス株式会社（以下会社という）と
（以下集金員という）並びに集金員の連帯保証人との間に、ガス料金その他の集金及び之に附帯する集金業務の委託並びに保証について下の通り契約する。

第１条　集金員の受持区域は下の通りとする。

（受持区域）

但し会社の都合に依り変更、増減することがある。

第２条　集金員は凡て会社の領収書により集金し、集金した金員を会社が指示するところにより納入する。

第３条　集金員は集金締切りのとき会社に未収領収証を提示する。その他集金業務扱いの細目については、会社の定めるところによる。

第４条　集金員は集金の際需用家より申し出のあった修理事故其の他すべての受付事項は、速かに処理するは勿論、器具の販売、勧誘についても積極的に協力する。

第５条　集金手数料は、会社の規定により算定の上所定の支払日に支払う。

第６条　集金員が故意又は過失により会社に損害を与えたときは、集金員又は集金員の連帯保証人は連帯して、凡て会社の査定による損害額を遅滞なく賠償する。

第７条　この契約の有効期間は下の通りとする。

自平成　　年　　月　　日

至平成　　年　　月　　日

但し期間満了１ヶ月前迄に、双方共この契約解除の申し出をしないときは、更に１ヶ年間有効とし、爾後この例によるが、契約期間は３ヶ年を超えない。

この契約締結の証として、この書３通を作成し、当事者が夫々その１通を保有する。

平成　　年　　月　　日

ガス株式会社　　　㊞

集 金 員　　　㊞

連帯保証人　　　㊞

としても、これは積極的に債務の履行を求めることにはならず、受身の立場での代理業務ということができます。このことから、単に窓口での収納事務のみを委託するにとどまる「収納事務委託契約書」といわれるものは、「継続的取引の基本となる契約書」にはなりません。

なお、特定の物品などの販売または購入を委託するものは、さきの第一のグループの「売買の委託」になり、ここにいう「売買に関する業務の委託」にはなりません。

次に、「金融機関の業務の委託」とは、金融機関における預金業務、貸出業務、出納業務、為替業務などの金融機関の本来の業務を委託することはもちろん、他の者からの委託により受託者として行うことになる振込業務、取立業務などの委託も含まれます。なお、ここでいう「金融機関」とは、銀行業、信託業、金融商品取引業、保険業を営むもの等、通常、「金融機関」といわれるもののほか、貸金業者、クレジットカード業者、割賦金融業者等、金融業務を営むすべての者をいいます。

「保険募集の業務の委託」とは、保険代理店などが行う各種の保険の募集の業務を委託することです。

保険会社と雇用関係にない保険外交員との間の契約書は、これに当たります。

「株式の発行または株式の名義書換えの事務の委託」には、新株発行募集事務のほか、株式の分割、併合、株式への転換などの事務、株式の名義書換えの事務を委託することなどが含まれます。

■第三グループ——銀行取引約定書

第三のグループは、「銀行取引約定書その他名称のいかんを問わず、金融機関から信用の供与を受ける者とその金融機関との間において、貸付け（手形割引および当座貸越を含みます。）、支払承諾、外国為替その他の取引によって生ずるその金融機関に対する一切の債務の履行について包括的に履行方法その他の基本的事項を定める契約書」です。

① 銀行取引約定書その他名称のいかんを問わないこと。

このグループにあてはまる契約書の名称は、一般に「銀行取引約定書」、「信用金庫取引約定書」、「農協取引約定書」、「金融取引約定書」といわれるものが多く見受けられます。

② 金融機関から信用の供与を受ける者とその金融機関との間において、債務の履行について包括的に履行方法その他の基本的事項を定める契約書であること。

ここにいう「債務の履行について包括的に履行方法その他の基本的事項を定める契約書」は、例えば、次のような記載内容のものです。

（適用範囲）
第○○条　手形貸付、手形割引、証書貸付、当座貸越、支払承諾、外国為替その他一切の取引に関して生じた債務の履行については、この約定に従います。

なお、このグループの契約書は、その性質上、その内容を変更または補充する契約書を作成しても、部分的な変更（補充）である限り、第七号文書には当てはまりませんが、他の号の課税文書に当てはまるかどうかを別途判定する必要があります。

■第四グループ――信用取引口座設定約諾書

第四のグループは、「信用取引口座設定約諾書その他名称のいかんを問わず、金融商品取引業者または商品先物取引業者とこれらの顧客の間において、有価証券または商品の売買に関する二以上の取引（有価証券の売買にあっては信用取引または発行日決済取引に限られ、また、商品の売買にあっては商品市場における取引（商品清算取引を除きます。）に限られます。）を継続して委託するため作成される契約書で、その二以上の取引に共通して適用される取引条件のうち受渡しその他の決済方法、対価の支払方法または債務不履行の場合の損害賠償の方法を定めるもの」です。

① 信用取引口座設定約諾書その他名称のいかんを問わないこと。

このグループにあてはまる契約書の名称は、一般には、「信用取引口座設定約諾書」という名称が用いられているものが多く見受けられます。

② 金融商品取引業者または商品先物取引業者とこれらの顧客の間において、有価証券または商品の売買に関する二以上の取引を継続して委託するため作成される契約書であること。また、その取引が有価証券の売買であるときには、信用取引または発行日決済取引に限られること。

③ 二以上の取引に共通して適用される取引条件のうち受渡しその他の決済方法、対価の支払方法または債務不履行の場合の損害賠償の方法を定める契約書であること。

■第五グループ——保険特約書

最後の第五のグループは、「保険特約書その他名称のいかんを問わず、損害保険会社と保険契約者との間において、二以上の保険契約を継続して行うため作成される契約書で、これらの保険契約に共通して適用される保険要件のうち保険の目的の種類、保険金額または保険料率を定めるもの」です。

したがって、このグループに当てはまる文書としては、

① 保険特約書その他名称のいかんを問わないこと。

この契約書のグループとされる契約書の名称は、一般には、「保険特約書」といわれるものが多く見受けられます。

② 損害保険会社と保険契約者との間において、二以上の保険契約を継続して行うため作成される契約書であること。

ここでいう「保険契約者」には、再保険のように保険会社が保険契約者の立場になる場合もあるため、保険会社も含まれることになります。

③ 保険契約に共通して適用される保険要件のうち保険の目的の種類、保険金額または保険料率

を定める契約書であること。

の要件が必要です。

■「継続的取引の基本となる契約書」は他の契約書にも当てはまるが……

これまで、「継続的取引の基本となる契約書」の要件を述べてきました。ここからおわかりのように、「継続的取引の基本となる契約書」には、売買、売買の委託、運送、運送取扱い、請負や売買に関する業務、金融機関の業務などについて、文字どおり継続的に生ずる取引の基本となることが定められていますので、その記載内容によっては不動産などの譲渡に関する契約書、運送に関する契約書、請負に関する契約書などになるものがあります。

この場合、印紙税法別表第一の課税物件表の第一号に掲げられている文書（不動産の譲渡に関する契約書や運送に関する契約書など）または第二号に掲げられている文書（請負に関する契約書）と「継続的取引の基本となる契約書」に当てはまる契約書は、その契約書に契約金額が記載されている場合は、第一号に掲げられている文書または第二号に掲げられている文書に、またその契約書に契約金額が記載されていない場合は、「継続的取引の基本となる契約書」となります。

また、「継続的取引の基本となる契約書」と印紙税法別表第一の課税物件表の第八号以下に掲げられている文書（例えば、債権の譲渡に関する契約書など）に当てはまる契約書は、すべて「継続的取引の基本となる契約書」になります。

例えば、次ページの「継続的運送契約書」は「運送に関する契約書」（第一号の四に掲げられている文書）と「継続的取引の基本となる契約書」とにあてはまることになり、契約金額が記載されている場合は、「運送に関する契約書」になりますが、これには契約金額が記載されていませんから、「継続的取引の基本となる契約書」となります。

また、一二三ページの「パフォーマンスについての取りきめ」についてみますと、この契約書は、営業者の間において事務機器の保守、維持サービスを継続的に行うため作成されるもので、「請負に関する契約書」と「継続的取引の基本となる契約書」にあてはまります。

この契約書は、契約金額の記載があれば、「請負に関する契約書」に、また、契約金額の記載がなければ、「継続的取引の基本となる契約書」になります。

ところで、この記載内容をみますと、商品一台の場合、料金において、月間最低保証額が一枚七・五〇円のコピー八〇〇枚分に相当する金額（七・五〇円×八〇〇枚＝六、〇〇〇円）とされ、また、契約期間が五年間とされていますから、これにより計算した金額六、〇〇〇円×六〇ヵ月＝三六万円が記載された契約金額となります。

したがって、この契約書は、契約金額の記載があることから、「請負に関する契約書」となり、一通につき、「継続的取引の基本となる契約書」としての四、〇〇〇円ではなく、「請負に関する契約書」としての二〇〇円でよいということになります。

このように、最低保証額や基本料などが記載されているものは、それが契約金額の計算の基礎で

印紙

継続的運送契約書

□□産業株式会社（以下甲という。）を□□運送株式会社（以下乙という。）とは、甲の販売する商品（以下単に商品という。）の運送に関して、次のとおり契約する。

第１条（目的）　甲は、商品の運送を乙に委託し、乙は、甲の指示にもとづいて、商品を運送することを約す。

第２条（商品受取場所）　甲は、商品を、甲の○○支店の倉庫において、甲乙の各係員立会の上で乙に引渡し、その際、甲は乙に、運送状を渡し、乙はその請書を甲に交付する。

第３条（荷受人）　乙は、この商品を甲の指定する各地の特約店まで運送することとし、その特約店の所在地および店名は、別紙目録どおりである。

第８条（損害賠償）　乙の責に帰すべき事由によって、甲が損害を破ったときは、乙は、直ちにその賠償をしなければならない。

ii　荷受人より、数量や品質について不服の申立があったときは、一切乙の責任において処理するものとする。

第９条（権利移転の禁止）　乙は、この契約に定める権利や義務を、甲の書面による承諾なしに、他に移転してはならない。

第10条（契約の解除）　第８条の事由が発生したとき、乙が強制執行や破産の申立を受け手形交換所より銀行取引停止処分を受けたとき、その他、この契約の履行上乙に不都合があると甲が認めたときは、甲は、何等の催告を要しないで、この契約を解除できる。

この契約の成立を証するため、本証２通を作り、甲乙各署名捺印して、各１通ずつを保有する。

平成　　年　　月　　日

甲　　　　　　　　　　　　　　　　　　㊞

乙　　　　　　　　　　　　　　　　　　㊞

印紙

パフォーマンスについての取りきめ

＿＿＿＿＿＿＿＿＿（以下お客様と称します）と株式会社　　　　　（以下甲と称します）とは、お客様お買上げの下記商品のパフォーマンスにつき裏面のとおり取りきめます。

平成　年　月　日

（お客様）
住　所
氏　名　　　　　　　　　　　　　　　　　㊞
株式会社
（甲の代理人）
住　所
氏　名　　　　　　　　　　　　　　　　　㊞

この取りきめ成立の証として、本書2通を作成し、お客様と甲で各1通を保持します。

商品番号		商品番号		商品番号	
納入年月日	平成　年　月　日	納入年月日	平成　年　月　日	納入年月日	平成　年　月　日
開始時 カウンター数値		開始時 カウンター数値		開始時 カウンター数値	

（うら）

㈠〔目　　的〕甲（頭書き記載の代理人を含みます）は、㈡に記載する保守・維持サービス（以下パフォーマンスと称します）をお客様に提供します。お客様はこれに対し㈢に記載する料金（以下パフォーマンス・チャージと称します）を甲に支払います。

㈡〔パフォーマンス〕甲の提供するパフォーマンスとは次のとおりです。
「サービスエンジニアを派遣し、商品に対し点検・調整を行い、甲が必要と認めたときには、紙、トナーを除く消耗品(以下消耗品と称します)、およびその他一般部品の修理交換等を行うこと。」
尚交換した旧消耗品および部品は、甲において引取ることがあります。

㈢〔料　　金〕1. パフォーマンス•チャージは、作成コピー1枚つき、7.50円とします。尚お客様は、商品1台毎に、800枚コピー分に相当する金額を、パフォーマンス・チャージの月間最低保証額として設定することに同意します。

㈣〔期　　間〕この取りきめの期間は、表記商品毎にその納入日より5年間とします。

（以下略）

ある単価となりますから、その契約内容によっては、「継続的取引の基本となる契約書」の場合より印紙税が安くなることがあります。

このようなことは、エレベーターや各種機器の保守契約書、運送契約書、警備保障契約書によく見られるところです。

Part5 間違いやすい文書ワンポイント（その1）

——契約書となるもの、ならないもの——

一　受取書などが契約書とされるとき

Ｐａｒｔ４では、印紙税の課税対象となる契約書について、「契約書」という名称になっているものだけが印紙税の課税対象となり、その他の名称となっているものは印紙税の課税対象とならないというものではないことを述べました。

くり返しになりますが、その文書の標題が、例えば、「覚書」と呼ばれるものであっても、その記載されている内容が契約の成立などを証明すべきものは、契約書ということになります。

また、これと同様に、その文書の標題が「受取通知書」、あるいは「入金通知書」となっているものであったとしても、その記載されている内容が金銭の受取り事実を証明しているものは、金銭の受取書ということになるのです。

要するに、ある文書について印紙税が課税されるかどうかは、その文書の記載内容によって判断されるということです。そして、その判断も、単に文書の名称、呼称や形式的な記載文言によってされるのではなく、そのような文言や符号などを用いることについての関係法律の規定、当事者間における了解、基本契約または慣習などを加味して、総合的に行われるということです。

とはいっても、記載されていない、あるいは文書の上に表現されていないことがらまでも判断の要素に採り入れるというのではなく、その判断は、その文書の上に表われていることがらのみによって行われるのです。

すなわち、その文書が何を証明しているかによって、印紙税が課税される文書になるかどうかが判断されるわけです。

このパートでは、契約書となるもの、ならないものについて、もっと具体的に述べていきましょう。

■「金銭の受取書」の周辺

金銭を借り入れる場合に、「借用証」という文書を作成します。

例えば、次ページ上段の「借用証」は、その文面からみますと、借用という文言が用いられていることや「上記金額正に借用致しました。」という表現が使われていますので、金銭の消費貸借契約の成立を証明する文書であることは明らかであり、「金銭の消費貸借に関する契約書」に当てはまることになります。

ちなみに、金銭の消費貸借とは、借主が貸主から金銭を借り入れ、それを返還することを約する契約をいいます。

次ページ下段のような場合はどうでしょうか。

この「受取書」は、標題やその一部の表現からは、金銭の受取り事実を証明しているものと判断されますが、その最後の部分に「平成××年×月××日までにお返し致します。」と記載されてい

印　紙

借　　用　　証

一金　○○○○○円也
上記金額正に借用致しました。
　平成××年×月××日

○○市○○町○○番地
甲野　乙郎　㊞

印　紙

受　　取　　書

一金　○○○○○円
上記金額正に受取りました。
平成××年×月××日までにお返し致します。
　平成××年×月××日

○○市○○町○○番地
乙野　丙郎　㊞

印紙	

受　取　書

一金　○○○○○○円也
上記金額正に受領致しました。
平成××年×月××日

○○市○○町○○番地
△△　△△　㊞

ますので、金銭の消費貸借契約の成立を証明する「金銭の消費貸借に関する契約書」にあてはまることになります。

では、上のような文書はどうでしょうか。

これは、文書面では、金銭の受取り事実のみの証明であり、この金銭の受取りが、たとえ、金銭の消費貸借契約に基づくものであったとしても、文書上では、その受け取ること となる金銭が借用金であるかどうかはわかりません。

したがって、このような文書は、「金銭の受取書」として判断され、これをもって消費貸借契約の成立を証明する文書ということにはなりません。

また、このような「受取書」や「領収書」に受領原因として単に借用金や借入金などと記載される程度のものは、「金銭の受取書」

と判断されますが、このような「受取書」や「領収書」に「金○○円借用しました。」という表現や、返済期限や利率などが記載されると、もはや単なる「金銭の受取書」ということはできず、さきにも述べたように、消費貸借契約の成立を証明する文書となり、「消費貸借に関する契約書」となってしまいます。

ところで、金銭または有価証券の受取書については、その受け取ることとなる金銭または有価証券が売上代金であるかどうか明らかにされていない受取書は、売上代金についての受取書となりますから（五五ページ参照）、その受け取ることとなる金銭が借用金である場合には、その金銭が売上代金以外の金銭であることを、例えば、「一金○○円受け取りました。ただし借入金」というように明確に記載しておくのがよいでしょう。

■売上伝票も処理のしかた次第では「受取書」に

「受取書」に関する実例を一つ掲げておきます。

繊維製品の現金問屋を営んでいるY商店では、それぞれの衣類の売場で担当者が得意先に対し、次ページのような売上品名、売上金額など売上明細を記載した「売上伝票」二枚を渡しています。「売上伝票」二枚を受け取った得意先の人は、他の衣類の「売上伝票」と合わせ、店の入口でその代金を一括して支払うことにしています。

Hさんは、Y商店の入口で会計担当として「売上伝票」と現金を得意先から受け取り、「売上伝

売　上　伝　票　　No.＿＿＿＿

＿＿＿＿＿＿＿＿＿＿＿殿　株式会社

平成　　年　　月　　日

品　　　名	数　量	単価	金　　額
		相済	
計			

票」一枚は整理用として手元に保管し、あとの一枚に、上記のように相済の表示をして得意先に交付しています。

これは、得意先から領収書の発行の請求があった場合には、別途領収書を発行するのですが、「領収書」の発行の請求のない得意先には、便宜、その「売上伝票」に相済と表示して得意先に渡しているものです。

Hさんは、得意先に渡している「売上伝票」は納品書のつもりで考えています。そのため印紙をはることなどは毛頭考えていませんでした。

しかしながら、得意先から別途「領収書」の発行の請求により、「領収書」を発行することにしている場合であっても、「売上伝票」に、相済の表示をして得意先に渡すことは、その売上伝票に記載した代金を領収したことを意味しているものであり、この「売上伝票」は、「金銭の受取書」ということに

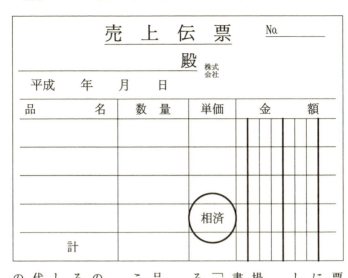

なります。ですから、その売上代金が五万円以上のものについては、記載された売上代金に応じ、二〇〇円から二〇万円までの印紙をはらなければなりません。

このことは、お買上票、入金伝票、請求書、精算書、納品書などに相済や領収印などを押す場合も同じことで、お買上票や入金伝票はそのものだけでも受取書になることがあります。

ただし、売上伝票を二枚以上とりまとめて一括して処理する場合に、合計表を付してその合計表のみに相済や領収印を押したものは、その全体が一通となります。

しかし、各一枚ごとに相済や領収印を押したものは、各一枚ごとに一通となり、それぞれ一通ごとに印紙をはるかどうかを判断し、印紙をはる必要がある場合には、それぞれ一枚ごとにはることになりますので、このあたりを工夫されるとよいでしょう。

■物の受取りがからんだ話

受取書は、金銭だけに限らず、〝物〟の受取りを証明する場合にも作成されます。

運送会社が貨物の運送を引き受けた際には、その運送会社が荷送人に交付する文書に次ページのような「運送引受書」、「運送状」、「送り状」などと称される文書を交付するのがふつうです。

このような文書は、その文書面に、運送する貨物の品名、送り先、運送料など運送に関することがらが記載され、運送会社が荷送人に対して運送引受けの証として交付するものですから、運送契約の成立を証明する文書であり、「運送に関する契約書」になります。

運送引受書

銀行　　支店　御中

回送先店名	種類	個数	摘要
銀行本店	トランク		施錠 封印のまま
	麻袋		〃

上記のとおりお引き受けいたしました

市　区　丁目　番

平成　年　月　日　地

時　分　警備株式会社

受渡責任者印	

送り状

発店	

No.

平成　年　月　日（発荷主用）

太線内はお客様で御記入願います。

荷受人	殿
出荷人	殿

荷姿	品名	個数	重量
ケース・罐 こも・縄〆 木箱・板〆 枠入・紙包 裸・その他			kg 容積 才

記事		
運送保険		保険金額
要	不要	1,2,3,4,5万円 保険料額×1,000 （ただし、実損程度）
保険金額 ¥		

株式会社

貨物受取証

No.__________

平成　　年　　月　　日

倉庫株式会社　　支店　御中

下記貨物正に受取りました

入庫番号	品名	記号	個数	数量	
				単量	総量
摘要					

貨物受渡表

受渡年月日	No.	受渡者	備考

ところで、Ｎ運送会社では、荷送人に対して、貨物の運送を引き受けた際に、前ページ上段のような「貨物受取証」を交付しています。

また、Ｋ運送会社では、同社がＰ製造株式会社の専属運送を行っていることから、Ｐ製造会社との間の運送貨物の受渡しにおいて、前ページ下段のような「貨物受渡表」を作成しています。

このような「貨物受取証」や「貨物受渡表」は、貨物の単なる受取り事実のみを証明しているにすぎず、この文書上からは、運送契約の成立を証明すべきものとはいえません。

したがって、このような文書は、「運送に関する契約書」または「運送に関する事項を継続して付込む通帳」とはならず、物品の受取書または物品の受取りに関する事項を継続して付込む通帳として、印紙税は課税されないのです。

ただし、このような「貨物受取証」や「貨物受渡表」でも、送り先や運送賃を記載する場合には、送り先や運送賃など運送に関することがらが記載されることにより、「運送に関する契約書」または「運送に関する事項を継続的に付込む通帳」として、印紙税が課税されることになります。

■金銭の「預り」と「受取り」の関係

お金の受渡しに当たって、「預り証」や「預り書」という標題の文書や、文面に「お預りしました。」という文言を用いる場合も多く見られるところです。

「預り」ということばは、一般には、物品や金銭を保管するということ、すなわち、寄託を意味

預　り　証

一金〇〇〇円

上記正に領収致しました。

平成　年　月　日

〇〇〇〇　㊞

します。

このことから、「預り証」や「お預りしました。」や「預り書」という標題の文書や、「お預りしました。」というような文言のある文書は、寄託契約の成立を証する文書として、「寄託に関する契約書」となります。

ただ、「預り証」などといわれるものが、すべて「寄託に関する契約書」になるかというと、必ずしもそうではありません。

「預り証」などという文言は、保管を目的としない金銭や物品の受取りに当たって用いられることもあるからです。

保管を目的として、金銭や物品を受け取る場合に、その受取り保管を証する「預り証」などと称する文書は、「寄託に関する契約書」になりますが、保管を伴わない金銭や物品の受取り、すなわち自己のものとする物品や金銭の受取りの際に作成する「預り証」と称する文書は、もともと寄託契約の成立を証すべきものではありませんから、その文書は、金銭または物品の受取書にすぎません。

このように、同じ「預り証」という標題の文書であっても、その受け取ることとなる内容によって、「寄託に関する契約書」になったり、「受取書」となったりします。

ただ、「預り証」といった場合には、一般には「寄託に関する契約書」として評価されますから、単なる受取りの場合には、やはり「預り証」ではなく「受取書」としておくべきでしょう。

なお、「寄託に関する契約書」は、その寄託物が金銭または有価証券の場合だけが印紙をはることになり、物品の場合はいりません。

■一、〇〇〇円の預り証でも二〇〇円の印紙

「寄託に関する契約書」については、「金銭または有価証券の寄託に関する契約書」のみに印紙税がかかります。

したがって、物品の寄託に関する契約書には、印紙税はかかりません。

ところで、「金銭または有価証券の寄託に関する契約書」の場合は、金銭の受取書のように、記載された受取金額が五万円未満のものや、営業に関しないものには、印紙税がかからないというような非課税規定がありません。

ですから、金銭または有価証券の寄託に関する契約書については、その寄託が営業に関するもの

受　取　書

一金　○○○○○円
上記金額正に領収致しました。
　平成××年×月×日

東京都　--------------
　△△株式会社
　代表取締役　○○○○　㊞

かどうか、あるいは記載された預り金額などの多寡にかかわりなく、たとえ記載された預り金額が一、○○○円の預り証であっても、二○○円の印紙をはる必要があります。

このように、保管を目的として金銭または有価証券を受け取る際に作成する預り証と称する文書は、「金銭または有価証券の寄託に関する契約書」となって、その記載された預り金額の多寡にかかわりなく、すべて二○○円の印紙をはる必要があります。

それでは、このような場合に、「受取書」としたらどうでしょうか。

例えば、上記のような受取書についてみますと、文面だけでは受取り事実の証明のみですから、たとえその受け取ることとなる金銭が保管を目的としていたとしても、このような文書は、金銭の受取り事実を証明するものとして、単なる

「金銭の受取書」ということになります。

したがって、記載された受取金額が五万円未満のものや、営業に関しないものは、印紙税はかかりません。

なお、受け取ることとなる金銭が売上代金以外の金銭であることを明確にしておくのがよいでしょう（五五ページ、一三〇ページ参照）。

■預り期間などを記載すれば……

さらに、このような金銭の受取書に、預り期間や利息などを記載した場合はどうでしょうか。

金銭や有価証券を受け取る場合に作成する「受取書」や「領収証」と称する文書は、一般には、金銭や有価証券の受取り事実を証明するものですが、その文書に、その受取りが保管を目的とする旨が記載されていて、しかも、預り期間や利率などが記載されている場合です。

これについては、「受取書」や「領収証」と称する文書に、預り期間や利率など寄託に関することがらが記載されている場合には、もはやその文書は、金銭や有価証券の受取り事実の証明のみではなく、金銭や有価証券の寄託契約の成立を証する文書となり、「金銭または有価証券の寄託に関する契約書」として、一通につき、二〇〇円の印紙税がかかることになります。

ただし、普通預金などの預金を受け入れる際に、その預金となる金銭の受取り事実のみを証明する「受取書」または「領収書」などと称されている文書で、その文書に受領原因として、単に預金の種類が記載されているだけのものは、この程度の記載では金銭の寄託に関する契約書とはみられず、「金銭の受取書」と判断されることになっています。

■修理品などの預り証はどうなる

「預り」という文言は、修理品の修理や写真の現像・焼付け、ワイシャツや背広の仕立てなどの受付けに当たって、修理品やフィルム、ワイシャツの生地などを顧客から受け取る際にもよく用いられます。

このような場合にも、「預り証」あるいは「受付票」などという文書が発行されます。「預り証」や「受付票」あるいは「承り票」などといわれる文書には、修理品などの品名や修理や加工の方法、修理代や加工料、出来上り日などが記載されています。

修理や加工などの場合の「預り」という意味は、金銭や有価証券あるいは物品の保管を目的とした場合の「預り」とは異なります。

修理や加工などに「預り」という文言が用いられるのは、その提供されることになる修理品や加工品が、もともと顧客の所有物であることから、このような文言が用いられるのではないでしょうか。

例えば、次ページの「お預り証」のような、修理や加工などの場合の修理品や加工材料品の預り証については、その文面に修理や加工の方法、修理代や加工料、出来上り日などが記載されている

お預り証　　平成　年　月　日

No.

ご住所

ご芳名　　様　電話（　）　番

下記のお品お預りいたしました。

お預り品名		加工料		預り金領収済		代金領収済	
			￥ 3,000				

（出来上り日　月　日）木曜定休

ご来店	お　届

お渡済	

百貨店　売場　扱　㊞（内線　）

お預け品お受取りの際は、必ず本証をご持参下さい。また本証をご紛失等の場合は直ちに係までご通知下さい。

ものは、修理や加工の内容を証明したものとなります。

このような、修理や加工の内容などを証明している「お預り証」や、あるいは「受付票」などといわれる文書は、請負契約の成立を証明するものであり、「請負に関する契約書」に当てはまることになります。

■「承る」のは「請負」になる

DPEサービス店、時計店、クリーニング店あるいは百貨店などでは、よく、このような「預り証」、「修理承り票」、あるいは単なる「承り票」などと称する文書が発行されています。

例えば、次ページのような文書があります。

このような文書は、その修理や加工が無料

クリーニング承り票

No.＿＿＿＿

ご住所＿＿＿＿＿＿＿＿＿＿　ご芳名＿＿＿＿＿＿様

品　　名	数　量	加工料	備　　考
合　　計		¥ 1,000	

ロ ー ヤ ル
ド ラ イ
ラ ン ド リ ー
革

お店渡	お　届

上記のとおり承りました　　　　（出来上り日　　月　　日）

平成　　年　　月　　日

代金領収済	お渡済

クリーニング承り所　　　　扱　　　㊞

お預け品お受取りの際は必ず本証をご持参下さい。また本証をご紛失等の場合は直ちに係までご通知下さい。

承　り　票

預　り　品	カ メ ラ ○ ○ A B 型 ○
出来上り日	平 成 × × 年 × 月 × 日
修 理 箇 所	

で行われる場合は別として、いずれも「請負に関する契約書」になります。

もっとも、無料といっても、あらかじめ修理代や加工賃が領収されていて、個別の修理や加工が現実に無料であっても、個々の修理や加工の際に領収しないということであって、実質は有料でしょうから、このような場合の「預り証」、「修理承り票」、あるいは「承り票」などは、「請負に関する契約書」になりましょう。

また、実質的に無料とされる場合の「預り証」、「修理承り票」、あるいは「承り票」などは、「委任の契約書」になり印紙税の課税対象にはなりません。

請負に関する契約書になる「預り証」、「修理承り票」、「承り票」などは、その文面に記載された請負金額、すなわち、修理金額や加工代金が一万円未満のものは、印紙税がかかりません。例えば、前々ページの「お預り証」では加工料が三、〇〇〇円と、また、前ページの「クリーニング承り票」では加工料が一、〇〇〇円と記載されていて、請負契約金額が一万円未満となることから、印紙税はかかりません。

その文面に記載された修理金額や加工代金が一万円以上のものは、その記載された修理金額や加工代金に応じて、また、修理金額や加工代金が記載されていないものは、一通につき二〇〇円の、それぞれ印紙税がかかるということです。

このことから、たとえ、その修理金額や加工代金が一万円未満であっても、「修理承り票」や「承り票」などに具体的に修理金額や加工代金が記載されていないものは、請負金額が記載されていないものとなって、一通につき二〇〇円の印紙をはることになります。

したがって、修理金額や加工代金が一万円未満の場合には、その修理金額や加工代金を記載するか、あるいは具体的にいくらになるかわからないときでも、その修理金額や加工代金が一万円未満であることが明らかであるときは、例えば、「修理金額一万円未満」と記載して、修理金額や加工代金が一万円以上にならないことをはっきりさせておく必要があります。

以上をまとめていえば、次のようになります。

修理物品の「預り証」などに出来上り日や修理、加工の内容、あるいは修理代、加工賃の金額の記載のないものには、印紙税はかかりません。

「預り証」、あるいは「受取書」において、単に預り文言や受取り文言のみの記載のあるものは、文面では、修理や加工か、すなわち、請負かどうか、仮に修理や加工という請負であったとしても、その文面は預りまたは受取りという部分のみの証明であることから、このような文書は、修理品または加工材料である物品の受取りまたは寄託を証明すべきものとして、印紙をはる必要はないでしょう。

これに対して、「修理承り票」、「承り票」などといわれる文書や受託文書の記載のある文書は、その承りや受託という文言によって、修理または加工を意味すると理解されることから、このような文書は、修理または加工を証明する文書、すなわち、「請負に関する契約書」となります。

つまり、修理金額や加工代金の記載のないものは、一通につき二〇〇円の印紙をはる必要があり、また、修理金額や加工代金の記載のあるものでその修理金額や加工代金が一万円以上のものはその修理金額や加工代金に応じて、それぞれ印紙をはる必要があるということになります。

二　申込書、注文書なども記載内容次第で

「申込書」、「依頼書」、「注文書」などと称する文書があります。

契約書とは、契約の成立や更改、契約内容の変更や補充を証明する目的で作成される文書をいい、また、契約とは申込みと承諾によって成立するものですから、契約の申込みの事実のみを記載している「申込書」、「依頼書」、「注文書」などは、契約書とならないのが建前です。

しかし、たとえ、「申込書」、「依頼書」、「注文書」という標題を用いている文書であっても、その記載内容によっては、契約の成立などを証明する文書、すなわち、契約書になるものがあります。

特に、委任契約の成立を証明する目的で作成する文書に、「依頼書」という標題を用いているものが多く見受けられるようです。

「申込書」、「依頼書」、「注文書」といわれる文書も、他の文書の場合と同様、その文書の記載内容に基づいて、契約書になるかどうかが判断されることになるのです。

■自動的に契約が成立することとなる申込書などは契約書とされる

「申込書」、「依頼書」、「注文書」のうちには、「基本契約に基づいて注文します。」とか、「約款に基づいて申込みます。」、「規約に基づいて注文します。」などと記載されているものがあります。

例えば、次ページの「申込書」は、「貴社のリース契約基本条項を了承し、……」となっていますから、リース契約基本条項に基づいて申込みをすることが明らかでしょう。

このように、標題が「申込書」と記載されていても、それが基本契約、約款、規約などに基づく申込みである場合に、その基本契約、約款、規約などに、「この○○契約は、申込みによって成立します。」などと記載され、その申込みにより自動的に契約が成立することとなっているときの「申込書」は、契約の成立を証明する文書となって、契約書になります。もっとも、契約書となっても物品のリース契約書、つまり物品の賃貸借に関する契約書は印紙税はかかりません。

ただし、「約款に基づき注文します。」、あるいは「規約に基づき申込みます。」などとなっているものが契約書にあてはまるといっても、その約款や規約において、「申込みまたは注文があった場合には、その申込みまたは注文内容を審査し、適格と認めた場合には、その申込みまたは注文を承諾します。」などと記載されており、その契約の成立が申込みの内容の審査を経て行われることになっているものは、一方の申込みにより自動的に契約が成立するものとはいえません。

このような場合の「申込書」、「依頼書」、「注文書」などは、契約の成立を証すべきものではなく、契約書になりません。

申　込　書

N商事株式会社
支店御中

平成　　年　　月　　日

貴社のリース契約基本条項を了承し、下記のとおりリースの申し込みをいたします。

（住　　所）
（会 社 名）
（代 表 者）
（T E L）
（担当者名）

リース申込条件				
	リース開始予定	リース期間	月額リース料	月額リース料は、固定資産税・保険料を含みます。〔　　〕
	平成　年　月　日	日	円	
	リース料の支払方法（第2回分以降）	支払期日	支払リース料	
	保険の種類	公正証書	担保・連帯保証人の内容	
		有・無		

使用	

リース物件	メーカー名	物件名・型式	数量	納入取扱者

さらに、契約当事者の一方の申込みにより自動的に契約が成立することとなっているものであっても、契約の相手方当事者が請書や承諾書など、契約の成立を証明する文書を作成することが記載されているものは、契約書に当たらないことになっています。

要するに、約款や基本契約、あるいは規約に基づいて注文、申込みまたは依頼する申込書などであっても、その約款や基本契約、あるいは規約の記載内容によって、その申込書などが契約書になったり、ならなかったりすることになるわけです。

■見積書に基づく注文書も契約書とされる

請負契約や売買契約に当たっては、まず、契約当事者の一方が見積りを行い、それを「見積書」として契約の相手方当事者に交付し、相手方当事者は、その見積内容を念査して、その後、契約手続の段階に入っていきます。

「見積書」そのものは、一般には契約の申込みの誘因の意思を表明した文書で、契約書にはあたりません。

見積書が出されると、それに応じて注文書が出され、注文書を受け取った受注者が、その注文内容に応じて注文請書が出されるのが通常です。

しかしながら、見積書が出され、それに応じて、注文書が出される場合で、その注文書の内容が見積書の内容と同様であるときには、その注文書は、契約当事者の一方の見積りという意思表示に

工　事　注　文　書

殿　　株式会社　H　組

平成　　年　　月　　日　　代表取締役

御見積書に基づいて下記の通り注文致します。　TEL.

工事名			
工事場所			
契約金額			
支払条件		納入年月日	年　月　日

品名	数量	単位	単価	金額	摘要

備考

対するその相手方契約当事者の注文という意思を表わしたものであり、この点で、意思の合致を表わしているということ、いいかえますと契約が成立したということができます。

一般的には、「注文書」といわれるものは、契約の申込みの内容を記載した文書で、契約書にはなりませんが、注文書といわれるものでも、このような意思の合致を証明しているものは、契約の成立などを証明する文書、すなわち契約書になるということです。

これは、その注文書に、具体的にその注文が見積りに基づくものであることが記載されているからです。

上記の「工事注文書」を見てください。

この「工事注文書」では、「御見積書に基づいて……」となっています。

このように、注文書に、「貴見積書のとお

り注文します。」とか「見積書№○○○により注文します。」といった文言が記載されているもの、あるいは単に、見積書番号や見積金額などが記載されているものは、契約書と判断されることになります。

しかし、見積書に基づく注文書であっても、その注文書に、「注文を受けた場合には、請書をお送り下さい。」とか、「受注の際には、折返し注文請書を提出して下さい。」とか、あるいは「受注の際には、請書を提出して下さい。一週間以内に請書が提出されない場合には、受注されたものとして処理させて戴きます。」と記載されているものは、契約の成立を証明する文書ということはできません。

後日、提出する注文請書などが、契約の成立を証明する文書となり、その記載内容によって印紙をはらなければならない場合があります。

ただ、仮に後日、たまたま注文請書が提出されず、結果的に注文書のとおりの契約が成立したとしても、注文書の作成時には、その注文書は契約の成立を証明する文書とはなっていませんので、印紙をはる必要はありません。

■注文書に双方の署名等があるものは……

注文書に契約当事者の双方が署名や押印をしたものは、一般に両契約当事者の意思の合致を証明する目的で作成されるものと認められますから、契約書になります。

工 事 注 文 書

1．工　事　名 ……………………………
1．請 負 金 額 ￥
1．工　　　期 自　年　月　日～至　年　月　日
1．工 事 場 所 ……………………………
1．支 払 方 法 この契約成立のとき
部　分　払
完成引渡のとき

1．注意事項その他

上記の通り当事者双方が同意したので契約の証として、本書２通を作成して当事者各記名調印の上各々１通を保有する。

平成　年　月　日

註 文 者　㊞

請 負 者　㊞

工 事 注 文 書

平成　年　月　日

御中

見積書No.

船 団 名

工事番号

船名（工事名）

工事区分　艤装・甲板・機関・電気・造機

施工区分　店内下請・(国内外注)・社外外注

H造船株式会社　造船所

左記工事を別紙注文仕様書及び見積書通り施工願います。

本注文書受領後５日以内に承諾の申出がないときは契約は成立しないものとします。

尚支払条件並に契約条項は工事請負基本契約書によるものとします。

承諾印
㊞

工事発注金額　　納期

例えば、前ページ上段の「工事注文書」です。

この「工事注文書」は、標題が注文書となっていますが、その下の部分において、契約当事者である注文者と請負者の双方が署名押印することになっています。

このようなものは、たとえその標題が「工事注文書」となっていても、契約当事者の意思の合致を証明するものであり、「請負に関する契約書」として、印紙をはる必要があります。

このほか、このような例としては、前ページ下段の「工事注文書」のように、受注者が承諾印を押して注文者に返却するもの、「注文書」に受注者が署名や押印をして注文者に返すもの、「依頼書」に依頼を受けた者が受諾印を押なつして依頼者に交付するものも、同じように契約書とされます。


意思の合致を証明する目的以外の目的で、注文書や依頼書に署名または押印するもの、例えば、手付金や頭金の受領印を押すものや単に注文書や依頼書を受領したことを証明するためのものは、意思の合致を証明する目的で作成するものとは言えませんから、契約書にはなりません。

ただ、手付金や頭金の受取り事実を証明するものは、「金銭の受取書」になります。

注文書や依頼書に署名や押印したものが、意思の合致を証明するものか、あるいは単に注文書や依頼書を受領したことを証明するものか、その区分がはっきりせず、問題となることがありますから、その証明目的をはっきりさせておく必要がありましょう。

発注伝票

平成 ○○年○月○日
○○自動車工業株式会社

区分	種目	規格		数量	

○○⟶K社⟶○○

発注	○			受注印	Ⓜ

■発注伝票に受注印を押せば……

K社は、大手自動車メーカーの下請会社として、自動車用の各種の部品を製造しています。

自動車用部品の製造に当たっては、親会社との間において、「自動車部品継続供給契約書」により、取引する自動車部品の品名、発注方法、納入方法、代金の支払方法、契約期間、その他の基本的事項を定めています。

K社の製造課のMさんは、毎月の生産計画を立てるとともに、親会社からの受注事務を担当しています。

生産計画は、毎月両社の担当者の間において定例的に生産会議を開催し、決定しています。

親会社からの発注は、この生産計画に基づき、そのつど「発注伝票」により発注してきます。この「発注伝票」は、親会社やK社の購買、経理部門の社内整理用に使用するものを合わせて十枚つづりのワンライティングのものとなっています。

製造課のMさんは、親会社から「発注伝票」によって発注があった際、それに記載されている発注数量、納期などを確認して、そのうちの一枚にMさんの印であるⓂを押して親会社に回付しています。

親会社に回付する「発注伝票」にⓂの印を押すことは何を意味するのでしょうか。

Mさんは、「発注数量や納期などを確認し、間違いがなければ、Ⓜの印を押して親会社に回付しています。まあ整理のために印を押しているんですよ。」といっています。

Mさんは整理のためだと簡単に説明していますが、これが印紙税では大きな問題となるのです。

Mさんのいっているように、「発注伝票」に自分の印を押して親会社に返すのは、その発注内容である発注数量、納期などを確認するものであり、このことは発注内容に対して受注の意思を表示するものです。すなわち、注文請書を出すことと全く同様の効果を持つわけで、ただそれは、「発注伝票」を利用したにすぎないわけです。

したがって、このⓂの印を押した「発注伝票」は、自動車用部品を製造し、その製造部品を親会社に引き渡すということを内容とするものであることから、「請負に関する契約書」として、受注金額の記載のない場合には、一通につき二〇〇円の、受注金額が記載されている場合には、一通につきその記載された受注金額に応じ二〇〇円から六〇〇万円の印紙をはることになります。

このように、何の気なしに押している印鑑も、印紙税では重要な意味を持ってくるものです。このことは、注文書や申込書などについても言えることです。

注文書や申込書に、受注印や受注のための担当者の印を押して、注文者や申込者に交付するものでも、その記載内容によって、印紙をはらなければならない場合があります。

これに類似するものに、注文書や申込書に受注のための印ではなく、その注文書や申込書を受け取った旨の印を押しているものがあります。このような場合には後日においてトラブルとならないよう、単に文書の受取りとしての印を押すのであれば、その旨、例えば、文書収受印とかとして明らかにしておくことが得策でしょう。

■仕様書も契約書になることが……

継続的な取引を行う場合には、通常は取引基本契約書や加工基本契約書、あるいは継続取引基本約定書などによって基本的事項を定めています。これらの契約書は、そのほとんどは「継続的取引の基本となる契約書」となって、一通につき四、〇〇〇円の印紙をはることになります。

また、個々の取引に当たっては注文書などによって行われていますが、この場合の注文請書などは省略されているのが普通です。

ところで、例えば、物品の製造を継続的に行っている場合、常時その製造を行っている物品の仕様を決める必要があり、そのときには次ページの「仕様書」というものを作成することがありま

仕様書番号第　　号
平成　　年　　月　　日

仕様書（承認願い）

＿＿＿＿＿＿＿＿＿御中

○○○株式会社
㊞

本仕様書にて製作いたしたく、ご承認願います。

□ 貴社仕様と相違なし　□ 貴社仕様を変更

貴社部品名		当社製品番号	
貴社機種名		当社規格書番号	
貴社部品番号		当社手配番号	
貴社仕様書番号			

項目	貴社仕様	当社変更希望仕様	変更理由

承認欄

承認年月日	年　月　日		関連部門	技術課	㊞
設計管理部門	責任者	㊞		購売課	㊞
	担当者	㊞			
	検印				

返却希望年月日	年　月　日

担当	責任者	設計	営業

す。

前ページの「仕様書」は、取引の対象となる商品や部品などの各種仕様を記載しているものです。

A機械㈱は、B重工業㈱の下請会社として機械部品の製造を行っていますが、A機械㈱では、受注する機械部品の仕様を新たに決めたり、変更したりする場合には、それぞれの会社の担当者の間で打合せを行い、その結果に基づいてA機械㈱で設計をして設計図を作成したうえ、「仕様書」に添付してB重工業㈱の承認を受けることにしています。

B重工業㈱による「仕様書」の承認に当たっては、A機械㈱が「仕様書」二通を作成して、これをB重工業㈱に提出し、B重工業㈱では、そのうちの一通に担当者が承認した旨を記載、押印して、A機械㈱に返却します。

このような承認をした旨を記載、押印してA機械㈱に返却する「仕様書」は、機械部品の仕様を承認することによって取引の対象についての合意を証明する目的で作成するものですから、契約書になります。

そして、この「仕様書」は、営業者間において機械部品の製造という請負に関する二以上の取引を継続して行うため作成するもので、その二以上の取引に共通して適用される取引条件のうち目的物の種類を定めるものですから、「継続的取引の基本となる契約書」になり、一通につき四、〇〇〇円の印紙をはることになります。

このように「継続的取引となる契約書」は、取引基本契約書、加工基本契約書など、○○基本契約書といわれるものだけがこれに当たるのではありません。どのような標題のものであっても、課税文書としての「継続的取引の基本となる契約書」としての要件を備えているものは一通につき四、〇〇〇円の印紙をはることになります。

三　通知書なども契約書になり得る

銀行や保険会社、あるいは会社が、取引先や社員に対し、設備資金や住宅購入資金などを貸し付ける場合には、借入予定者から借入申込書やその他の書類を提出させ、その内容を審査の上、貸付けの是否を決定しています。

貸付けが決定した場合には、借入申込者に対し、貸付けが決定した旨を通知し、その後借入れについての手続をとることになります。

貸付決定の通知を受けた借入申込者は、指定の日に、印鑑証明書、その他の書類をとりそろえ、「借用書」や「金銭消費貸借約定書」を作成して、金銭の貸付けを受けます。

「借用書」や「金銭消費貸借約定書」は、「消費貸借に関する契約書」になり、その記載された借入金額に応じて印紙をはることは、一般によく知られていることです。

では、貸付けが決定したことを通知する「貸付決定通知書」や「融資実行通知書」、あるいは

貸 付 決 定 通 知 書

殿

貸付決定額	¥ 600,000

貸付No.	最終期限	用途	提出書類 1 約束手形 2 借入者および保証人の印かん証明書 3 登記簿抄本 4 借入約定書
貸付方法 一時 分割	日 以内 約手	利率 @	
保証 約定書について 手形について	名		
担保 定額貯金			
条 件			

月　　日付でお申し込みありました資金について上記のとおりご融資いたします。

平成　　年　　月　　日

㊞

「貸付決定ご案内」はどうでしょうか。

「……通知書」や「……通知します。」という文言が使われているとともに、後日、「借用書」や「金銭消費貸借約定書」が作成されることから、「貸付決定通知書」や「融資実行通知書」は、単なる通知文書として印紙をはる必要はないと考えられているところです。

■「貸付決定通知書」でも印紙がいるものがある

この「貸付決定通知書」や「融資実行決定書」には、種々のものがありますが、おおむね二つに分けることができるでしょう。

その一つは、上記のような「貸付決定通知書」、あるいは「融資実行通知書」、

借入手続のご案内

＿＿＿＿＿＿＿＿＿＿＿＿＿＿ 御　中	平成　　年　　月　　日
	○○○○金庫　㊞

かねてお申込みの資金については、下記貸出条件でよろしければ、借入手続をお取り運びいただきますよう、ご案内いたします。

記

用　途				
金　額	¥			
利　率	%	最終期限	平成　年　月　日	
元金弁済方法	支払期日	金　額	支払期日	金　額
	平成　年　月　日	¥		¥
	平成　年　月　日	¥		¥
	平成　年　月　日	¥		¥
	平成　年　月　日	¥		¥
	平成　年　月　日	¥		¥
利息支払期日				
保　証				
担　保				
その他				
留意されたい事項				

「貸付決定ご案内」といわれる文書です。

このようなものは、金融機関や保険会社、会社が貸付けに当たって貸付決定を通知するもので、借入れという申込みに対して承諾の事実を通知するものです。

このことは、消費貸借契約の成立を証明するものであり、「消費貸借に関する契約書」になるのです。

印紙税は、文書ごとに課税されますから、たとえ後日改めて「消費貸借に関する契約書」を作成する場合でも、それとは別に課税されることになります。

その二つとしては、「借入手続のご案内」、「融資手続のご通知」といわれる前ページのような文書です。

このような文書は、その記載内容からみて、貸付けや融資実行の決定を通知することを直接記載しているものではなく、すなわち、消費貸借契約の成立を証明するためのものではなく、貸付けや融資の手続を案内することを内容とするものと認められます。つまり、前ページの「借入手続のご案内」の貸出条件の内容は、一つの貸出条件を例示しているものであって、契約内容を記載しているものとは評価されません。

したがって、このような文書には印紙をはる必要はありません。

■単価協定書はどう扱われる

実例でみていきます。

K社は、乗用車やトラックを製造しています。

自動車は、多くの部品を必要としますが、K社はこれらの部品の多くを下請会社に製造させ、自動車の生産計画に合わせて納品させています。

部品の製造に当たっては、K社と下請会社との間において、下請会社ごとに部品の製造委託契約を締結して、「部品委託加工契約書」を作成しています。

この「部品委託加工契約書」には、製造加工する部品名、代金の支払方法、納入方法などの記載のほかに、単価や委託加工数量は、そのつど決定することが記載されています。

そして、製造加工する部品の単価は、そのつど両社の間で取り決められています。

その方法は、下請会社からの見積りに基づき、K社がその見積りを策定し、その決定結果を「単価決定通知書」により通知する方法をとっています。

さて、この「部品委託加工契約書」ですが、これは部品の委託加工という請負に関する二以上の取引を継続して行うために作成される契約書で、目的物の種類、対価の支払方法を定めるものですから、「継続的取引の基本となる契約書」になり（九六ページ参照）、一通につき、四、〇〇〇円の印紙をはることになります。

また、製造加工する単価については、次ページ上段のような「単価協定書」や、あるいは「単価

単価協定書

㈱ M 精 機　　　　　　　　　　　　　　　　ＴＴ株式会社殿

自平成　　年　　月　　日
至平成　　年　　月　　日　以降下記単価にて納入致します。

コード番号	品　　　　名	単位	旧単価	新単価	備　考
				株式会社M精機㊞	

単価決定通知書

有効期間
年　月　日～　年　月　日　取引先　　　　　　No.＿＿＿

	コード番号	科目	品名規格	単位コード	見積単価	決定単価	標準所要納期	前単価	担当者	契約年月
1					千 円	千 円				
2										
3										
4										
5										
6										

年　月　日

上記の通り単価を決定しましたから御通知申上げます。

Ｔ工機株式会社

契約書」を作成している場合は、これらの文書は、明らかに契約書であり、その単価が二以上の部品の製造加工に適用されることから、「継続的取引の基本となる契約書」になって、これについても一通につき、四、〇〇〇円の印紙をはることになります。

この場合、製造委託する部品やその単価が随時変更されることがあり、そのつど発行するこれらの文書は、かなりの数になりますが、すべて「継続的取引の基本となる契約書」になります。

■「単価決定通知書」にもいろいろある

継続して物品の製造を委託する場合、その単価を決定したり、変更したりしたときに作成する文書としては、「単価契約書」や前ページ上段の「単価協定書」などのほか、前ページ下段のような「単価決定通知書」や「単価通知書」あるいは単に「単価票」としているものもあります。

これについては、「……通知書」、「……票」という文言からみて、通知文書、あるいは整理伝票とみて、契約書にならないと考えてよいでしょうか。

このような「単価決定通知書」には、「……通知書」という文言が付されていますが、「……通知書」など、通常、連絡文書に用いられる名称が付された文書であっても、文書の記載内容などからみて、当事者間の協議に基づき単価を決定確認し、後日の証とするために作成されると認められるものは、契約書になります。

具体的には、次のいずれかに当てはまる「単価決定通知書」などは、契約書になるのです。

① その文書に当事者双方の署名または押印のあるもの
② その文書に「見積単価」と「決定単価」、「申込単価」と「決定単価」または「見積№」などの記載があることにより、当事者間で協議の上単価を決定したと認められるもの
③ 委託先から見積書などとして提出された文書に、決定した単価などを記載して、その委託先に交付するもの
④ その文書に「契約単価」、「協定単価」または「契約納入単価」など、通常契約の成立事実を証明する文言の記載のあるもの
⑤ 当事者間で協議の上決定した単価を、その文書により通知することが基本契約書に記載されているもの

ただし、②から⑤までに当てはまっても、契約の相手方当事者が別に承諾書など契約の成立の事実を証明する文書を作成する場合は、その「単価決定通知書」には、印紙をはる必要はありません。

つまり、これらのいずれかに当てはまる「単価決定通知書」などは契約書に当てはまり、請負に関する継続的取引に共通して適用される取引条件のうち単価を定めるものですので、「請負に関する契約書」になるとともに、「継続的取引の基本となる契約書」にもなり、契約金額の記載がありませんから、「継続的取引の基本となる契約書」となるのです。したがって、四、〇〇〇円の印紙をはる必要があります。

納　品　書

買主　E株式会社　御中

下記の通り納品をお受け致しました。

殿（　　　　　　　　　　　　）

契約No.	納　期	商品No.	品　名・規　格・摘　要

契約年月日	決済条件

数		量	単	価	取引先照合No.	備　考
		単位	円			

引渡条件及び引渡場所

■契約の証とされる注文書、納品書

商品売買基本契約書や製品加工基本契約書など、物品の売買や請負に当たって作成する基本契約書においては、

「個々の売買に当たっては、甲が乙に対して注文を行った際に売買契約が成立するものとし、甲が乙に交付する注文書をもって、売買契約の成立の証とする。」とか、

「……注文書をもって、売買契約の確認の証とする。」、あるいは、

「個々の契約は、甲が乙に注文書を提出し、これに対し、乙が注文請書を提出した際に成立する。」となっているものがあります。

注文を受けた際に提出する注文請書は、契約の成立を証明する文書であり、それが請負の場合は記載金額によって印紙をはることになりますが、注文書は、一般には、契約の申

値引承諾書

株式会社御中

１．品　　名

２．契約金額

上記物件は、貴社から提示された理由により　　円値引することを承諾します。

理　由

平成　　年　　月　　日

株式会社　㊞

込みの事実を証明する文書であり、印紙をはる必要はありません。

しかし、基本契約書などにおいて、「……契約の成立の証とする。」とか、「契約の確認の証とする。」としている注文書や前ページの納品書などは、その注文書や納品書自体、契約の成立を証明するものであり、契約書になりますから、その記載内容によって印紙をはらなければならない場合があります。

■値引承諾書、値引通知書などの考え方

商品の製造業者と卸売販売業者、卸売販売業者と小売販売業者のそれぞれの間において は、あらかじめ定められた物品の加工価格を値引する場合や、一定数量、あるいは一定金額以上の取引となった場合には一定金額のリベートを支払うこととしている場合などがありますが、これらの場合には、「値引通知書」や「値引承諾書」、「リベート支払通知書」などという文書が作成されます。

例えば、上記の「値引承諾書」のようなもの、あるいは「値引確認書」、「リベート支払約諾書」などという文書は、その記載文言からみて、承諾、確認、あるいは約定という文言が用いられていることから、契約の成立を証明するものと認められ、その値引やリベートの支払が物品の加工についてのものである場合は、「請負に関する契約書」になります。

これに対して、「値引通知書」や「リベート支払通知書」という文書は、その値引やリベートの支払は新たに物品の加工価格を変更したり、リベート額を定めるというようなものではなく、商品売買基本契約書によりあらかじめ定められている値引率またはリベート率により確定している値引額またはリベート額を通知するものです。

したがって、このような文書には、印紙をはる必要はないでしょう。

■値引明細書、値引承認書

しかし、あらかじめ一定の金額で加工することが基本契約書その他の契約書などにより定められていて、その後、販売先からの依頼または申立てなどにより、販売元が値引額を決定し、その決定内容を記載する文書は、あらかじめ設定された加工価格を変更し、値引後の加工価格を確定するものですから、たとえその文書の標題が「値引通知書」や「値引明細書」などとなっているものであっても、「請負に関する契約書」として印紙をはる必要があります。

■宿泊申込請書も契約書に

社員旅行や家族旅行をするとき、旅館やホテルが宿泊予定者に対して交付する文書に、「宿泊申込請書」や「宿泊ご案内」という文書があります。

例えば、P旅館では、電話や文書により宿泊の申込みがあり、宿泊の条件が確定すると、次ページのような「御宿泊申込請書」という文書を交付しています。

また、Mホテルでは、一七一ページのような「ご案内状」という文書を交付しています。

宿泊契約は、ホテルの部屋を利用させる場合のように賃貸借契約になるものもありますが、一般には、請負契約になります。

したがって、旅館やホテルが宿泊申込者に交付する文書で、宿泊年月日や宿泊料金などを記載したものは、お客の宿泊申込みに対して承諾の意思を表わした文書であり、請負契約の成立を証明するものとして、「請負に関する契約書」になります。

ですから、P旅館がお客に送付している「御宿泊申込請書」のように、その文書の標題が請書、契約書、確認書となっており、その文書の内容も、契約とか確認、あるいは「お請けします」とか「契約します」などのように契約締結を表わす文言が使われているものは、「請負に関する契約書」として印紙をはる必要があります。

No.＿＿＿＿＿＿

御宿泊申込請書

支配人	副支配人	係

御宿泊月日	年　月　日　～　泊			御到着　時頃	
御芳名	様　　名				
	御新婚	殿方　名	御婦人　名	御子様　名	
住所	区　　TEL（　）－				
御部屋	洋室{バス付　室 / バス無　室}			和室{風呂付　室 / 風呂無　室}	
	御希望室	室料 一泊二食	円　別々　込々		
(特別事項)					
紹介者	直接　旅行業者	TEL（　）－ (係)　殿			
承日時	年　月　日	午前 午後	時　分	御電話 御来館	

手配No.＿＿＿＿＿＿＿

ご　案　内　状

平成　　年　　月　　日

毎度お引立に預り有難うございます。

月　　日　　　営業所経由

芳　名
団体名　　　　　　　　　　　　　　　　　　　　　　様

宿泊
休憩　　月　　日（　曜）一行　　　　　　名（男　　名／女　　名）

のお申込みを頂きましたが，当日準備相整え，お越しをお待ち申し上げております。

右ご案内まで

（ご連絡事項）

取　　扱　　者	
月 日	

一方、Mホテルがお客に送付する「ご案内状」のようなものは、その文面からみて、契約書というよりも単なる案内文書と認識され、印紙をはる必要はないでしょう。

■債務の保証に関するあれこれ

H割賦㈱は、電気器具の割賦販売業を営んでいます。

割賦販売に当たっては、顧客に対して次ページの「個人チケット割賦購入申込書」を提出してもらうことにしています。

この「個人チケット割賦購入申込書」には、購入物品名、購入金額、支払方法などが記載されているほか、割賦代金の支払債務についての保証人の保証欄があって、その欄に保証人が署名押印することにしています。

一方、K株式会社の庶務課では、社員への住宅資金や物品の購入代金の貸付けに当たって、貸付けを受ける社員に「借入申込書」を提出させることにしています。

この「借入申込書」にも、さきのH割賦㈱の「個人チケット割賦購入申込書」の場合と同様に、借入金額、借入金の使途などを記載するほか、借入金についての保証人の保証欄が設けられていて、その欄に保証人が署名押印することになっています。

H割賦㈱のBさんも、また、K株式会社庶務課のCさんも、「個人チケット割賦購入申込書」や「借入申込書」は、一方的な割賦購入または借入申込みの文書であり、割賦購入または借入れの契

個人チケット割賦購入申込書〔販売店用 お客様用〕

御中

平成　　年　　月　　日

購入者	ふりがな			職業	自営	
	氏名		印		勤務先	
	現住所	郵便番号		電話		局
連帯保証人	ふりがな			職業	自営	
	氏名		印		勤務先	
	現住所	郵便番号		電話		局
	申込人との関係	親子　兄弟　親戚　同僚　上司　知人　友人				年令　才

支払方法 該当を○でかこむ	1.持参払　2.銀行振込 3.郵便振込　4.集金人払	集金訪問先				訪問時間
		自宅	勤務先			時頃

支払日 毎月 日	(イ)商品名		回数
	(ハ)商品代	円	
	(ロ)頭金	円	
	(ニ)差引残高（ロ－ハ）	円	
	(ホ)割賦手数料	円	
	(ヘ)支払総額（ニ＋ホ）	円	回

回	年	月	分割金額	回	年	月	分割金額	回	年	月	分割金額
1				8				15			
2				9				16			
3				10				17			
4				11				18			
5				12				19			
6				13				20			
7				14				訪問先略図〔自宅 勤務先〕			

N

約の成立を証明する文書ではないので、単なる申込みの文書だと考えていました。

たしかに、「個人チケット割賦購入申込書」や「借入申込書」については、BさんやCさんの考えどおり、割賦販売契約または消費貸借契約の成立を証明する文言もなく、一方的な申込みにより割賦販売契約、あるいは消費貸借契約の成立を証明するものでもありませんので、単なる割賦販売契約、あるいは消費貸借契約の申込みの文書と考えるのが正しいのです。

しかし、問題は、保証人が署名押印していることです。

印紙税の課税対象となる文書に、「債務の保証に関する契約書」というものがあります。

「債務の保証に関する契約書」とは、主たる債務者、すなわち、割賦購入の場合には購入者が、金銭借入れの場合には借入者が、それぞれの債務（割賦購入の場合には購入代金の支払、金銭借入れの場合には借入金の返済）を履行しない場合には、保証人がこれを履行することを債権者に対して約することを内容とする文書をいいます。

「債務の保証に関する契約書」には、一通につき二〇〇円の印紙をはることになります。

問題の「個人チケット割賦購入申込書」や「借入申込書」は、BさんやCさんの考えどおり、割賦購入または借入申込みの部分は、単なる申込書と評価されて契約書にはなりませんが、保証人の保証に関する部分は、「債務の保証に関する契約書」になるのです。

ただし、「債務の保証に関する契約書」のうち、主たる債務の契約書に併記した債務の保証に関する契約書には、印紙をはる必要はありません。

「主たる債務の契約書に併記した債務の保証に関する契約書」とは、例えば、金銭消費貸借契約書や賃貸借契約書、土地や物品の売買契約書などの契約書に併記した保証契約書のことをいい、その債務の保証の原因となる契約書が主たる債務の契約書になっていなければなりません。

さきの例の「個人チケット割賦購入申込書」や「借入申込書」は、単なる申込みの文書であって、割賦購入契約書や消費貸借契約書とは異なり、その申込みの部分は、主たる債務の契約書ということはできません。

ですから、保証人の保証に関する部分、すなわち、債務の保証に関する契約書の部分は、主たる債務の契約書に併記した債務の保証に関する契約書ということにならず、「債務の保証に関する契約書」として、それぞれ一通につき二〇〇円の印紙をはることになるのです。

このように、一方的な申込みの文書は、もともと主たる債務の契約書ではありませんが、そのような申込文書に併記した債務の保証に関する部分については、「債務の保証に関する契約書」として印紙をはる必要があります。

このような例は多く、また、文書の標題が申込書となっていることから、つい忘れることがあるので、十分注意する必要があります。

もうひとつ、Y電機㈱の社内貸付けについて作成される「借入申込書」についてみてみましょう。

Y電機㈱の「借入申込書」には保証人の欄はありますが、K株式会社の「借入申込書」のような、保証人が署名押印するものではなく、「貸付金の借入れができる場合には、保証人を○○○○とします」という趣旨から、借入申込人が予定保証人を記載することになっているものです。

この点、保証人が署名押印するものではなく、したがって、この部分は、債務の保証に関する契約書ということはできません。

つまり、その全体が、単なる借入れの申込書であり、印紙税は課税されません。

そして、この場合は、申込後に金銭消費貸借契約書を作成することになりますが、この金銭消費貸借契約書には、記載された契約金額に応じて印紙をはることになります。

ただし、保証人の保証契約事項は、この金銭消費貸借契約書に併記されることになりますので、この保証人の保証に関する契約部分は、主たる債務の契約書に併記した債務の保証に関する契約書として、印紙税は課税されません。

四　会社と社員間で作成される文書で課税されるもの

■住宅資金借用証はどう扱われる

T社では、社員の福利厚生の一つとして住宅取得資金や物品購入資金を貸しています。この場合、次ページの「住宅資金借用証」を作成していますが、同社の庶務課のEさんは、社内における内部文書ですから、印紙はいらないと考えています。しかしながら、「住宅資金借用証」は社員が

住宅資金借用証

株式会社
　取締役社長　　　　　殿
　　　　　　　　　　　　　　平成　年　月　日

一金　10,000,000円也

住宅資金として上記金額を借用いたしました。
ついては、住宅融資社規を遵守し、元利金は別紙返済方法により返済します。
借受人が債務を履行しないときは、社規の定めるところによって、保証人が連帯して返済いたします。

借受人　　　㊞
連帯保証人　㊞

T社から住宅資金を借用したことを証する文書であり、「消費貸借に関する契約書」になります。

ところで、同一会社の内部の取扱者間、あるいは同一会社の本店、支店や出張所の間でその会社の事務の整理上作成するものは、印紙をはる必要がないことになっています。

これは、同一会社の場合は、その人格は同一であって、自分と自分の間のものであり、事務整理上作成するものは、印紙がいらないことになっているのです。

しかし、会社と社員との間の契約書は、同一会社内のものとは異なり、それぞれ独立した人格の間のものですから、会社と社員との間の消費貸借契約の成立などを証明する文書は、印紙税の課税対象となります。

なお、これに関連して作成する「借入申込

書」は、印紙税の課税対象とはなりませんが、前にも説明したとおり、この「借入申込書」に保証人が署名押印しているものは、「債務の保証に関する契約書」として印紙をはることになりますので、注意してください。

■勤務先預金の受入れについて作成する文書は……

勤務先預金の受入れについては、会社は社員に対していろいろな文書を作成して交付しているようです。

勤務先預金を受け入れた会社が社員に交付する文書も、会社と社員との間の独立した人格の間のもので、文書によっては印紙税がかかります。

勤務先預金についての文書としては、まず、①「勤務先預金通帳」を交付しておき、勤務先預金の出入れに際してこれに付込み証明するもの、②そのつど、「勤務先預金受取書」や「勤務先預金預り証」を交付するもの、③一定の時期に、一定の期間中の勤務先預金の増減額と残高を記載した「勤務先預金受入票」や「勤務先預金明細表」などと称する文書を交付するものもあります。

「勤務先預金通帳」は、銀行が発行する「普通預金通帳」や「定期預金通帳」と同じように、一年一冊の付込みに対して二〇〇円の印紙をはることになります。この場合、一定の手続をすることにより、毎年四月一日現在の口座数によって一括して納付することもできます。

次に、そのつど発行する「勤務先預金受取書」や「勤務先預金預り証」、一定の時期に発行する

預 金 受 入 票 (本人用)

C＃	摘要区分	預入年月日(年号)	氏　　名
1 43	3	5 年　月　日	

氏　名 No.	口座No. 生年月日	金　　額
11	17	23 百 十 万 千 百 十 円

注）1．金額は(￥3,000)の様に頭に￥を付けること

2．金額の訂正は認めません

3．数字は明瞭に記入願います

経理印	認　印	受 付 印

① H　（株）経理課

	預金種類	取扱区分	従業員コード	取扱年月日	※	金　額	所属	TEL
記入欄	普・定・住			年　月　日				

氏名		届出印 (払出・振替の場合のみ)

社内預金伝票(Ａ)

注　意

1．社内預金の預入・払戻・振替はすべてこの伝票を使用すること。

2．入金の際はこの伝票に現金をそえて社内預金窓口に提出すること。

3．預金者は社内預金伝票の黒太ワク線内の記入欄をすべてもれなく記入すること。

4．３枚目のマークカードは記入欄にもとづきもれなくマークすること。

5．マークはＨＢの黒鉛筆を使用すること。

（本人控）

元　金	
解約利息	
支払額	

担当者受付印

受　取　書

一金　○○○○円也
但し勤務先普通預金として
　平成○○年○月○○日

○○産業株式会社
総務課

「勤務先預金受入票」や「勤務先預金受入明細表」などは、その記載内容によって印紙をはったり、あるいははる必要がなかったりします。

例えば、前ページのような「預金受入票」、「社内預金伝票」や、「勤務先預金受取書」、「勤務先預金預り証」は、原則として、勤務先預金が金銭の寄託契約であることから、その記載された預金額のいかんにかかわらず、すべて「金銭の寄託に関する契約書」として二〇〇円の印紙をはることになります。

しかし、「預り証」とか「預りました。」とかいう寄託を表わす文言が記載されていないもので、その受け取ることになる勤務先預金の口座番号などが記載されていないものは、「金銭の受取書」とされます。この「受取書」

は、売上代金についてのものではないので、記載された受取金額が五万円以上のものについて、一通につき、二〇〇円の印紙をはることになります。

つまり、これらは、金融機関の外務員が、取引先から預金として金銭を受け入れた際に作成する「お預り証」と同じように扱われるのです。

この場合、このような文書が「金銭の寄託に関する契約書」になるか、「金銭の受取書」になるかについては、次のように扱われることになっています。

▽その記載文言からみて金銭の寄託契約の成立を証明するもの（「金銭の寄託に関する契約書」となるもの）……

① 預り証、預金取次票など金銭の寄託を証明する目的で作成されると認められる名称を用いており、かつ、預金としての金銭を受領したことが文書上明らかなもの

② 受取書、受領証などの名称が付されているが、受託文言、口座番号、預金期間など寄託契約の成立に結びつくことがらが記載されているもの

▽その記載文言からみて金銭の受取り事実を証明するもの（「金銭の受取書」となるもの）……

① 受取書、受領証などの名称が付されていて、単に受領原因としての預金の種類が記載されているもの

② 預り証、取次票などの名称が付されているが、文書上預金の預りであることが明らかにでき

ないもの

例えば、前々ページの「受取書」は、預り証など、という一般に寄託を表わす文言はなく、「勤務先預金」という文言の記載も受領原因としての預金の種類の記載と認められることから、「金銭の受取書」になります。

■勤務先預金受入票、勤務先預金受入明細表

勤務先預金の受入れおよび払出しの状況や残高を記載して交付する文書は、一定期間中の勤務先預金の受入れおよび払出しを発生順に記載し、最後に残高を記載するものや、その一定期間中の勤務先預金の受入れおよび払出しを一括して記載し、最後に残高を記載しているものなどがあります。

もともと、勤務先預金の残高のみを記載し、社員に交付するものは、勤務先預金の残高を通知する文書で、契約書でも受取り事実を証明するものでもありませんから、印紙をはる必要はありません。

印紙をはる必要があるかどうかは、受入れについての記載事項が金銭の寄託または金銭の受取りの事実を証明するものであるかどうかによるわけです。

したがって、次ページのような「預金明細書」は、逐一、受入年月日、受入勤務先預金額が記載されていますので、そのつどの勤務先預金の寄託契約の成立を証明すべきものとなって、「金銭の

預金明細書	月分	店	部	課	社員番号	氏名	非課税申告額

普通預金					定期預金			
前月末残高	年月日	預金額	払戻し額	今月末残高	年月日	証書番号	金額	満期年月日

記号説明：TAX 課税預金　ORD 普通入金　INT 利息　INS 定期預金新規　FUR 定期満期払戻
ETX 非課税預金　FIX 天引入金　COR 訂正　HAR 定期預金中途解約

会社の繁栄は社員の幸せ。明るい生活設計は○○社内預金から!!

寄託に関する契約書」になります。

なお、「勤務先預金残高通知書」のように、個々の預金取引の明細の記載のないもので、一定期間の勤務先預金の受入額および払出額を一括して記載し、その残高を通知するものは、その性格は金銭の寄託を証明するというよりも、一定期間における勤務先預金の残高を通知することにあると認められますから、全体が勤務先預金の残高を通知する文書として、印紙をはる必要はないことになります。

なお、給与支給明細書において控除明細を示したものは、寄託契約の成立を証すべきものということにはなりません。

五　保証金の受入れ条項のある文書

貸ビル賃貸借契約書、建設協力金契約書などと称する文書があります。これらの契約書の記載内容、すなわち、その契約事項は、

① 建設後のビルの全部または一部の部屋を一定の賃料で賃貸借すること
② その賃貸借に当たって、一定の金銭を建設協力金または保証金等の名目でビルの賃借人がビルの賃貸人であるビル建設者に対して後日返還を受けることとして提出すること

などです。

ビルの全部または一部を賃貸借することを内容とする部分は、課税対象外の建物賃貸借の契約書になります。

ところで、このような契約書においては、「建設のために一定の金銭を建設協力金または保証金等の名称で、ビルの賃貸人であるビル建設者に対して後日返還を受けることとして提供すること」という契約事項が問題となります。

これは、既存のビルの賃貸借に当たって提供される同種の金銭についても同じことがいえます。

建設協力金や保証金の提供についての契約事項としては、各種のものがあります。

次ページおよび一八七ページの二つの例をみてください。

ビルの賃貸借においては、通常、賃貸料の支払などを担保するためのものとして、保証金や敷金が差し入れられます。

賃貸料の支払などを担保するために一定の金銭を提供することは、担保契約であり、この部分は、印紙税の課税対象にはなりません。

実際のところ、建設協力金、保証金といわれるものは、これらの契約に付随して支払われるものであることから、賃貸借契約の一部に吸収され、保証金や建設協力金に関することがらを記載した契約書は、「賃貸借に関する契約書」として取り扱っている例が多く見受けられます。

しかし、建設協力金および建物賃貸借契約書やビル賃貸借契約書に記載されている保証金や建設協力金に関することがらは、すべて担保契約ということができるでしょうか。

印紙

建設協力金及び建物賃貸借契約書

（以下甲という）と
（以下乙という）との間に、甲の建築する東京都　　区　　町　　丁目　　番地　　地上のビルディング（以下本ビルという）内の一部を乙が賃借するにつき、次の通り建設協力金及び建物賃貸借契約を締結する。

第１条　乙の賃貸借部分は別紙の通りとする。但し、面積については竣工時の最終図面によるものとする。

第２条　乙は建設協力金として甲に金2,000万円也を差入れる。
建設協力金は平成　　年　　月　　日より５年間（無利息）据置き、据置期間経過後は15年間に亘り毎１ヶ年終了日の属する月の末日に均等分割償還するものとする。
据置期間満了日以後は、残存額100円につき日歩５厘の割合をもって利息を附するものとし、前記償還日に既往の分を支払う。

第３条　賃料は月額500,000円也（別表基準による）と定めるが、公租公課の増徴その他一般経済事情によりこれを改訂できるものとする。

第４条　乙は第２条の建設協力金とは別に敷金として前条賃料の６ヵ月分相当額を賃貸借開始の前日までに甲に預け入れる。敷金は無利息とし、賃貸借期間中甲が預かるものとする。

第５条　建設協力金、敷金及び賃料は本ビル完成後の乙の賃貸借部分の実面積に応じ、それぞれの基準に従って増減するものとする。

第６条　賃貸借契約の期間は20年間とする。
賃貸借の始期は本ビル完成の日（平成　　年　　月　　日の予定）とし、甲は乙に対し同日賃貸借部分の引渡を行う。

第７条　乙はこの予約契約による一切の権利を他に譲渡し、又はこれを担保に供してはならない。

第８条　乙が乙の一方的都合によりこの予約契約の解除を通告した場合は、甲は建設協力金の30％相当額を違約金として既存の建設協力金の中より取得し、その残額については解除の日より７日以内に乙に返還する。

（協議事項）

第９条　この契約の規定の解釈、適用について疑義が生じた場合及びこの契約に規定のない事項については甲乙双方誠意をもって協議解決するものとする。

この契約は当事者双方誠意をもって履行するものとし、後日のため本書２通を作成し、各１通を保有する。

平成　　年　　月　　日

甲　　　　　　　　　　　　　　㊞

乙　　　　　　　　　　　　　　㊞

印紙

賃　貸　借　契　約　書

　　　　　　　　株式会社（以下甲という）は、　　　　　　（以下乙という）に対して、後記表示物件を賃貸するにつき、甲および乙の間に次の賃貸借契約を締結する。

（契約の期間および契約の更新）

第１条　物件の賃貸借契約期間は、平成　　年　　月　　日から平成　　年　　月　　日までとする。ただし、賃貸借期間満了の際、甲または乙から契約解除の申し出がなかったときは、さらに１ヵ年契約期間を延長するものとする。

以後の契約期間満了の場合も、また、同様とする。

（賃貸借料およびその支払い方法）

第３条　賃貸借料は、月額金　　　円とする。ただし、賃貸借期間が１ヵ月に満たないときは、日割り計算とする。

２　乙は、前項に定める賃貸借料を、毎月末日（当日が休日の場合はその前日）甲に支払うものとする。

３　必要がある場合においては、甲および乙の協議により、賃貸借料を変更することができる。

（保証金および敷金）

第６条　乙は、物件の賃貸借の保証金として、金20,000,000円を契約の締結と同時に甲に納入するものとする。

２　前項の保証金は、全額納入の日から10ヵ年据置いたのち、甲は、毎年３月末日および９月末日において、各その20分の１に相当する金額を乙に返還するものとする。ただし、保証金の残額中、次条に定める敷金に相当する金額については、この限りでない。

第７条　乙は、物件の賃貸借の敷金として、賃貸借料の12ヵ月分に相当する金額を甲に納入するものとする。ただし、前条第２項の規定によって返還する保証金の残額が、同項ただし書きに定める金額に達するまでその納入を猶予し、保証金の残額がこれに達したとき、その残額をもって敷金に振り替えるものとする。

第８条　乙は、保証金および敷金につき、その返還請求権を第三者に譲渡し、または質権の目的とすることができない。

２　保証金および敷金については、利息をつけないものとする。

第９条　保証金または敷金は、乙が物件を明け渡し、かつ、甲に対する債務を完済したとき、これを返還するものとする。

２　乙がその都合により、第２条第２項に定める予告期間を置かずに、または第６条第２項に定める保証金の据置期間満了前に物件を明け渡した場合においては、前項の規定にかかわらず、保証金については、据置残存期間またはその期間が３ヵ年を超える場合は３ヵ年を経過するまで、敷金については、予告期間満了まで、その返還を延期するものとする。ただし、甲がその必要を認めないときは、この限りでない。

この契約の証しとして本書２通を作成し、甲および乙が記名なつ印のうえ、各１通を保有するものとする。

平成　　年　　月　　日

（甲）　　　　　　　　　　　　　　　　　　㊞

（乙）　　　　　　　　　　　　　　　　　　㊞

物件の表示

一般に、保証金といわれるものは、一定の債務の担保として、債権者その他一定の者にあらかじめ差し入れる金銭であって、敷金や担保金も同じ性質のものです。

つまり、賃貸借の場合についてみれば、賃借料や賃借人に責任のある損害により発生する債務を担保するための金銭ということができます。

しかし、契約期間が終了していないのに、一定期間経過後に返還することとしているものは、一定の債務を担保するという目的を達することはできません。

この場合の保証金といわれるものは、保証金という名目であっても、その実質は、消費貸借による金銭ということでしょう。

また、ビルの賃貸借契約期間が終了しても、その後一定期間経過後でなければ返還しないという約定のもとにおける保証金は、確かに契約期間の終了時までは債務を担保するという本来の目的は達せられますが、その全体から判断した場合には、消費貸借ということがいえましょう。

このことから、建設協力金または保証金などとして一定の金銭を受領した場合に、ビルの賃貸借契約期間などに関係なく、一定期間据置後に返還することを約しているものなどについては、その部分は債務を担保する本来の目的を達するものとは認められませんから、「消費貸借に関する契約書」になります。

したがって、その建設協力金契約書や貸ビル賃貸借契約書は、その全体が「消費貸借に関する契約書」となり、建設協力金や保証金の額に応じて印紙をはることになります。

Part6

間違いやすい文書ワンポイント（その2）

――課税される文書、されない文書――

一　印紙のいらない「営業に関しない受取書」

■サラリーマンなどが発行する受取書

「金銭または有価証券の受取書」のうち、営業に関しないものや記載された受取金額が五万円未満（四万九、九九九円まで）のものには、印紙税はかかりません。

逆にいえば、印紙をはる必要のある「金銭または有価証券の受取書」は、営業に関するもので、記載された受取金額が五万円以上のものや受取金額が記載されていないものです。

では、営業とはどういうことをいうのでしょうか。

「営業」とは、一口でいえば、利益を得ることを目的として、同じようなことをくり返し継続して行うことをいいます。利益を得ることを目的としていても、同じようなことをくり返して継続して行うものでなければ、営業になりません。

例えば、サラリーマンがたまたま家屋や自動車を売払い、その売却代金を受け取ったとしても、そのサラリーマンは、その家屋などの売買を商売としているものではありませんから、その売却行為は営業とはならず、その結果、売却代金の受取書も、営業に関しないものとなって、印紙をはる必要はありません。

受取書や領収証には、印紙をはらなければならないということが広く知られているあまり、どのような受取書や領収証でも印紙をはっているものを見受けますが、その受け取ることとなった原因が営業に関するものかどうかということを、よく確認しておく必要があるわけです。

サラリーマンのほか、農林漁業者、医師、弁護士や税理士などの○○士といわれる人、あんま摩師・マッサージ師・指圧師やきゅう師などの○○師といわれる人、作家等自由業者の発行する受取書は、営業に関しないものとなって、その記載金額のいかんにかかわらず印税紙はかかりません。

■会社や個人商店の発行する受取書は……

株式会社（特例有限会社を含む。）、合資会社、合名会社、合同会社は、すべて営利法人ですから、その行為はすべて営業になります。

したがって、営利法人である株式会社などの発行する「金銭または有価証券の受取書」は、会社名義で発行するものはもちろん、社員名義で発行するものも、会社の業務に関するものは営業に関するものになります。

よく見られる例として、会社の従業員から貸付金の返済を受けた際に会社が発行する受取書は、会社の本来の商取引ではないから、営業に関しないものになるのではないかということも考えられますが、営利法人の行為はすべて営業になりますから、このような受取書もすべて営業に関するものになります。

また、関係会社や同業会社が集まって親ぼく会や研究会などの団体をつくり、幹事会社が、その団体の会費等を受け取った際に、幹事会社名義で受取書を発行しますと、形式的には幹事会社である会社が発行したものとして、営業に関するものとなります。

親ぼく会や研究会などの会費は、もともと幹事会社のふところに入るものではなく、幹事会社とは別の親ぼく会や研究会などの団体のものです。

ですから、このような場合は、その受取名義人を「○○会代表△△△」とか、「△△会会計○○○○」としておくべきでしょう。このような団体は、営利を目的とするものではありませんから、その受取書も「営業に関しない受取書」になります。

個人営業者の発行する受取書は、営業に関して発行するもののみが営業に関するものとなり、営業とは関係のない、例えば個人の金銭の貸借や受渡しなど、その個人の営業にかかわりない行為について発行する受取書は、営業に関しないものになって印紙はいりません。

法人のうち、公益法人は、営利を目的とするものではありませんから、その発行する受取書は、収益事業のものであっても、すべて営業に関しないものとなって印紙税はかかりません。

また、会社以外の法人で、法令の規定または定款の定めにより利益金または剰余金の配当または分配をすることとなっているもの、例えば、信用金庫、農業協同組合、漁業協同組合、消費生活協同組合などが、その出資者に対して発行する受取書は、営業に関しないものとなって印紙税はかかりません。

しかし、出資者以外の者に対して行う事業は営業となりますから、その受取書は営業に関するものとなります。

なお、この場合、出資者が営業者であって、その出資者がその出資をした法人に対して行う営業については、それは営業から除かれることについては、前にふれました（一〇四ページ参照）。

二　金銭または有価証券の受取書

印紙税のかかる金銭または有価証券の受取書は、売上代金に係る金銭または有価証券の受取書と、売上代金以外の金銭または有価証券の受取書に区分されます。

金銭または有価証券の受取書は、記載金額が五万円未満のものや営業に関しないものには印紙をはる必要はありませんが、営業に関するものについては、記載金額が五万円以上の売上代金に係る金銭または有価証券の受取書は、記載金額に応じて、一通につき、二〇〇円から二〇万円までの印紙を、また、記載金額が五万円以上の売上代金以外の金銭または有価証券の受取書や記載金額のない金銭または有価証券の受取書は、一通につき、二〇〇円の印紙をはることになります。

ところで、金銭または有価証券の受取書とは、金銭または有価証券の引渡しを受けた者が、その受領事実を証明するために作成するものをいうことから、単にその文書の標題が「受領書」とか「領収証」、あるいは「受取証書」というものや、その記載内容において「受け取りました。」とか「領収しました。」と明記したもののみが、これに当たるのではなく、その文書の記載内容、つまり、その文書の作成の目的によって、金銭または有価証券の受取書になるかどうかを判断することになります。このことは他の文書の場合と同じことです。

したがって、たまたまある文書が結果的に金銭または有価証券の受領事実を証明する効用を有していたとしても、作成者において金銭または有価証券の受領事実を証明する目的をもって作成したものではないときは、これは金銭または有価証券の受取書にはならないことを意味しています。

金銭または有価証券の受取書として印紙をはる必要があるかどうかまぎらわしいものを、二、三あげてみることにしましょう。

百貨店や商店、スーパーなどが現金販売の場合にお客に交付する文書に「お買上票」、「清算票」、「レシート」、「計算書」、「お買上明細」、あるいは「明細書」などというものがあります。このような文書は、お買上げ商品の明細とともに、当事者間においては、一般に販売代金の受領事実を証するものとして認識されていますから、金銭の受取書になります。

クレジットの利用による買上代金の支払が完了した際に作られる「お支払完了の御礼」といわれるものや、商品の買上げがあった際に、買上物品の価格などの明細を記載するとともに、内金の入金を示す「お買上伝票」、「お買上明細」といわれるもの、あるいは口座振替の方法による保険料などの入金を表わす「〇〇口座振替のお知らせ」のハガキなど、いずれも金銭の受取書になります。

また、貸付けやカードローンなどによる利息、手形割引などの計算書など、あるいは案内状や受付票、ご案内やお知らせというような文書についても、その記載内容において金銭または有価証券の受領事実を証するものは、単なる計算書などではなく、受取書になりますから、記載内容に十分注意する必要があります。また、申込書や依頼書などの下片に受取欄のあるようなものもあり、このような場合の下片の受取欄は、金銭の受取書になります。

三　ゴルフ会員券、学校債券

ゴルフクラブでは、入会保証金や入会金などを納め、ゴルフクラブに入会した場合には、その会員となる者に対して、会員証や会員券と称する文書を交付します。

スイミングクラブやテニスクラブ、あるいはサウナクラブなど、各種のスポーツクラブやレジャークラブに入会する場合にも、ゴルフクラブと同様なものが発行されます。

また、学校や各種の団体が校舎、図書館、体育館などの建設に当たって、その建設資金を募集し、建設資金を受け入れる時に、その建設資金の拠出者に対して、学校債券や借款証書という文書を発行することがあります。

また、学校債券や借款証書は、入学の際に入学者から一定の金額を納入させた際に、発行されることもあります。

ゴルフクラブの会員券、学校や各種団体の学校債券、借款証書などは、その記載内容によってその性格がかなり異なり、また、印紙をはる必要があるかどうかも、その性格によって異なってきま

No.＿＿＿＿

会　員　券

殿

生年月日　　年　　月　　日

あなたは、当○○○クラブの会員であることを証するものです。

平成　　年　　月　　日

○○○クラブ

理事長　○○○○　㊞

す。

　このゴルフクラブ会員券や学校などの発行する学校債券、借款証書などは、おおむね、次の三つに分類することができましょう。

　その一つは、ゴルフクラブなどの会員であることの身分を表わすものであり、その二つは株券や出資証券のように有価証券に該当するもの、その三つは、借用証書などのように「消費貸借に関する契約書」になるものです。

　身分や資格を表わすものとしては、上記の「会員券」のようなものがあり、このような文書は、会員たる資格を表わすものであり、印紙税の課税対象にはなりません。

　また、財産的価値のある権利を表彰する証券で、その権利の移転、行使が証券をもってなされることを要する有価証券たる会員券や学校債券も印紙税の課税対象にはなりません。

これに対し、その記載内容によって借用証書や消費貸借契約書と同じように、「消費貸借に関する契約書」になるものがあります。

このような借用証書や消費貸借契約書と同じような文書は、会員たる地位や資格のみを証明するものではなく、また、その移転や行使が証券をもってなされる有価証券にもあてはまるものではなく、受け入れた金銭を、一定期間据置後一括または分割して返還することを内容とするものですから、「消費貸借に関する契約書」になります。

ただ、その受け入れた金銭が入会保証金などと称し退会時に一括返還されることになっているもので、消費貸借に関する文言の記載のないものは、その入会保証金は、保証金としての性格を有するものであり、このようなことを内容とする会員券や会員証は、「消費貸借に関する契約書」にはなりません。

しかし、消費貸借に関する契約書にならないものであっても、入会保証金の受入れ事実を記載しているものは、「売上代金以外の金銭の受取書」になります。

なお、学校債券や借款証書は、通常はその受け入れた金銭が返還されるものであり、保証金としての性格を有するものでなく、有価証券にならない限り、「消費貸借に関する契約書」になって、印紙をはる必要がありましょう。

学 校 法 人

大 学 債 券

平成　年度　　　第　　号

壱 口 券

金拾萬圓

本債券は右記記名者より上記の金額を借入れたことを証するものである

殿

平成　年　月　日

大学

理事長 ㊞

1. この債券は本学施設の整備拡充の資金に充てる目的で評議員会の決議に基づき募集した学債に対し発行されたものである。
2. この債券は壱口券の１種とし１口の金額を金拾萬円とし，その方式は記名式とする。
3. この債券は無利息とする。
4. この債券は他に譲渡質入その他の担保に供することができない。
5. この債券の償還期日は下記のとおりとする。
   (1) 父兄から申込まれたものはその在学生の卒業の際
   (2) その他は平成　年　月　日
6. この債券の償還は次の方法による。
   (1) 原則として債券面表示の債券者に償還する。
   (2) ２人以上のものが共同して学債を引受けた場合には債券面表示の代表者に償還する。
   (3) 代理人または代表者が償還を受けようとするときは，本人の委任状その他その資格を証明する書面を提出しなければならない。
   (4) 償還を受けようとする債権者若しくはその代理人または代表者は，この債券および申込の際に届出た印鑑を持参し，本学事務局において債券引換および領収証に捺印の上償還を受けるものとする。
7. 債券の領収証に押捺された印影を届出印鑑と照合して相違ないものと認めて償還したときは，印章の盗用その他の事情があっても，本学はその責任を負わないものとする。

本債券表示の金額正に受領しました。

平成　年　月　日

住所

氏名　　　　　　　　　　届出印

四 配当金領収証、配当金振込通知書と配当金計算書など

会社が株主に対して配当金を支払う際には、株主に対して配当金領収証や配当金振込通知書、あるいは配当金計算書、株主配当金支払計算書などを交付します。「配当金領収証」や「配当金振込通知書」には印紙をはる必要があります。

ここに、次ページのような「配当金領収証」や「配当金振込通知書」があります。

この場合の「配当金領収証」とは、配当金領収書その他名称のいかんを問わず、配当金の支払を受ける権利を表彰する証書または配当金の受領の事実を証するための証書をいいます。

これは、会社が株主の具体化した利益配当請求権を証明した証書で、株主がこれと引換えにその証書に記載された取扱銀行などのうち株主の選択する場所で配当金の支払を受けることができるもの、および会社が株主に配当金の支払をするに当たり、あらかじめその会社が株主に送付する証書のうち、配当金の支払を受ける権利を表彰する証書以外のもので、株主が取扱銀行などから配当金の支払を受けてその受領事実を証するために使用するものをいいます。

これには、株主が配当金の支払を受ける際にあらかじめ、会社から送付された配当支払副票を添付する必要のあるものも「配当金領収証」になります。

ただ、株主が会社から直接配当金の支払を受けた際に作成する受取書は、ここにいう「配当金領

第○○期（　年　月　日から／　年　月　日まで）配当金領収証

株主番号	配当率	1株当たり配当金	株数	税引配当金額	源泉徴収税率
	%	円　銭	株		%

年　月　日
上記配当金正に領収いたしました。

銀行取扱期間　年　月　日から
　　　　　　　年　月　日まで

株主

○○○株式会社　御中

取扱銀行欄

お届出印

第　期（　年　月　日から／　年　月　日まで）配当金振込ご通知

株主番号	株数	税引配当金額
	株	千　円

配当率　年割分
1株当り配当金　円　銭
源泉徴収税率　分離課税

当期配当金はかねてご指定賜わりました銀行預金口座
へ振込ご送金申上げましたから通知いたします　年　月　日

株主住所氏名		振込銀行	
		口座名義人	
		預金種別	
		摘要	

市　区　町　丁目　番地　○○株式会社

収証」ではなく、「金銭の受取書」となり、また、あらかじめ直接配当金を支払う際の受取書として使用するため会社が刷成して株主に交付するものは、その交付する時点では配当金の受取書の単なる用紙であって証書性はなく、ここにいう「配当金領収証」にはなりません。

また、「配当金振込通知書」とは、配当金振込票その他名称のいかんを問わず、配当金が銀行その他の金融機関にある株主の預貯金口座その他の勘定に振込みずみである旨を株主に通知する文書をいい、文章の表現が「振り込みます。」あるいは「振り込む予定です。」などと記載されているものも、これに含まれることになっています。

このようなことから、株主に配当金額の通知をすることのみを内容とする配当金計算書や配当金額通知書などといわれる文書、株主に配当金を送付するための配当金送付通知書などといわれる文書には、印紙をはる必要はありません。

五　通帳、判取帳というもの

■一枚の紙片でも通帳とは……

K百貨店では、顧客の継続的確保とサービスを図る目的から、K百貨店とは独立した人格のない社団としての顧客を会員とする「K百貨店友の会」を組織しています。

K百貨店友の会は、月々会員から、一、〇〇〇円の会費を受け取り、その会費の収入などにより、年二回程度、演劇などの催物に招待するとともに、K百貨店が行う各種の催物に招待し、また、K百貨店で買物をした場合には、五％程度割引きすることになっています。

友の会入会の申込みがあった顧客に対しては、次ページのような「K百貨店友の会会員証」を交付し、会員は、K百貨店での買物などにこれを提示するわけです。

ところで、この会員証には、表面に、会員の住所や名前などが記載されているとともに、その裏面には注意事項と、月々の会費を領収した際、友の会事務局の担当者が入金事実を証する印鑑を押す欄が設けられています。

K百貨店友の会事務局のHさんは、これは「会員証」であって、「会員証」や「身分証明書」には印紙税がかからないと思っていました。

ところが、ある日、会員申込みを行ったAさんに対し、この「会員証」に必要な事項を記入して、裏面の会費の領収欄にHさんが印鑑を押し交付したところ、Aさんから、「印紙をはる必要があるのではないか」と聞かれました。

Aさんによれば、「会員証」といわれるものは、一般には各種の団体の会員であるという、いわば身分を証明するものであるから、印紙税はかからない、しかし、この「会員証」のように、裏面などに会費の受取り事実を証明するものは、会員という身分を証明するほか、会費の受取り事実を証明するものであるから、印紙税がかかるのではないか、ということでした。

つまり、この「会員証」のように、月々、あるいは年々継続して会費の受取り事実を証明するも

（表）

K百貨店友の会会員証

会員番号　No.＿＿＿＿＿＿＿＿
住　　所　＿＿＿＿＿＿＿＿
氏　　名　＿＿＿＿＿＿＿＿
あなたは　K百貨店友の会会員であることを証します。

B

（裏）

会　　費

1	2	3	4	5	6
係名					
月　日	・	・	・	・	・
7	8	9	10	11	12
係名					
月　日	・	・	・	・	・

B

のは、金銭の受取り事実を継続して証明する通帳として、一年一冊につき、四〇〇円の印紙をはることになるのではないかというわけです。

これを聞いたHさんはびっくりしました。

会員は現在約一五、〇〇〇人で、一人当たりそれぞれ一枚交付しているので、その発行枚数を、一五、〇〇〇枚とすると、一通四〇〇円として六〇〇万円の印紙税となります。

会費の収入は、一人当り年間一二、〇〇〇円で、収支トントンで運営している友の会としては、印紙税は思わぬ出費となります。

さて、一枚一枚ごとの金銭の受取書は、その一枚一枚ごとに記載された受取金額が五万円未満、すなわち四九、九九九円までのものは、印紙税がかかりません。

また、営業に関しない金銭の受取書は、その記載された受取金額が五万円以上であっても、その記載された受取金額のいかんにかかわらず、すべて印紙税はかからないことも、これまでしばしば述べてきました。

これに対して、金銭の受取通帳は、印紙税法別表第一の課税物件表の第十九号に掲げられている「その他の通帳」として、その一回当たりまたは総受取り金額がいくらであろうと、すべて一冊、一年の付込みについて四〇〇円の印紙税がかかり、場合によって一定金額以上の付込みをしますと、その部分は別に印紙をはる必要が生じます。

K百貨店友の会は、友の会自体K百貨店とは独立した会員相互間の非営利事業を目的とする別組織の人格のない社団で、友の会は営業として行っているものではないので、友の会で発行する金銭の受取書は、営業に関しないものとなって、印紙税はかからないでしょう。

そこで、K百貨店友の会では、早速「会員証」を改めることとし、「K百貨店友の会会員証」の裏面の会費の領収欄は使用しないこととし、会費は一年間分一二、〇〇〇円を一括領収し、その際には一二、〇〇〇円の「会費受取書」を交付することにしました。

このようにしますと、仮にK百貨店友の会の行うことが営業とされたとしましても、「会費受取書」一通に記載された受取金額が五万円未満であることから、印紙をはる必要がないことになります。

■おなじみの家賃の受取通帳にも印紙税

「K百貨店友の会会員証」と同じようなものは、このほかにも見受けられます。

通帳といった場合には、一般には、預金通帳のように、何枚かのものが一冊にとじられていて、帳簿のようになっているものをいいますが、一枚のものであっても、その一枚のものが、継続して金銭の受取り事実などを付込み証明するものは、すべて通帳ということになっています。

ここに、次ページのような「家賃領収通帳」があります。

これも、一枚の紙で作成されていますが、一年間にわたる家賃の領収事実を継続して付込み証明することとされていますから、金銭の領収事実を継続して付け込むためのものとして、通帳にな

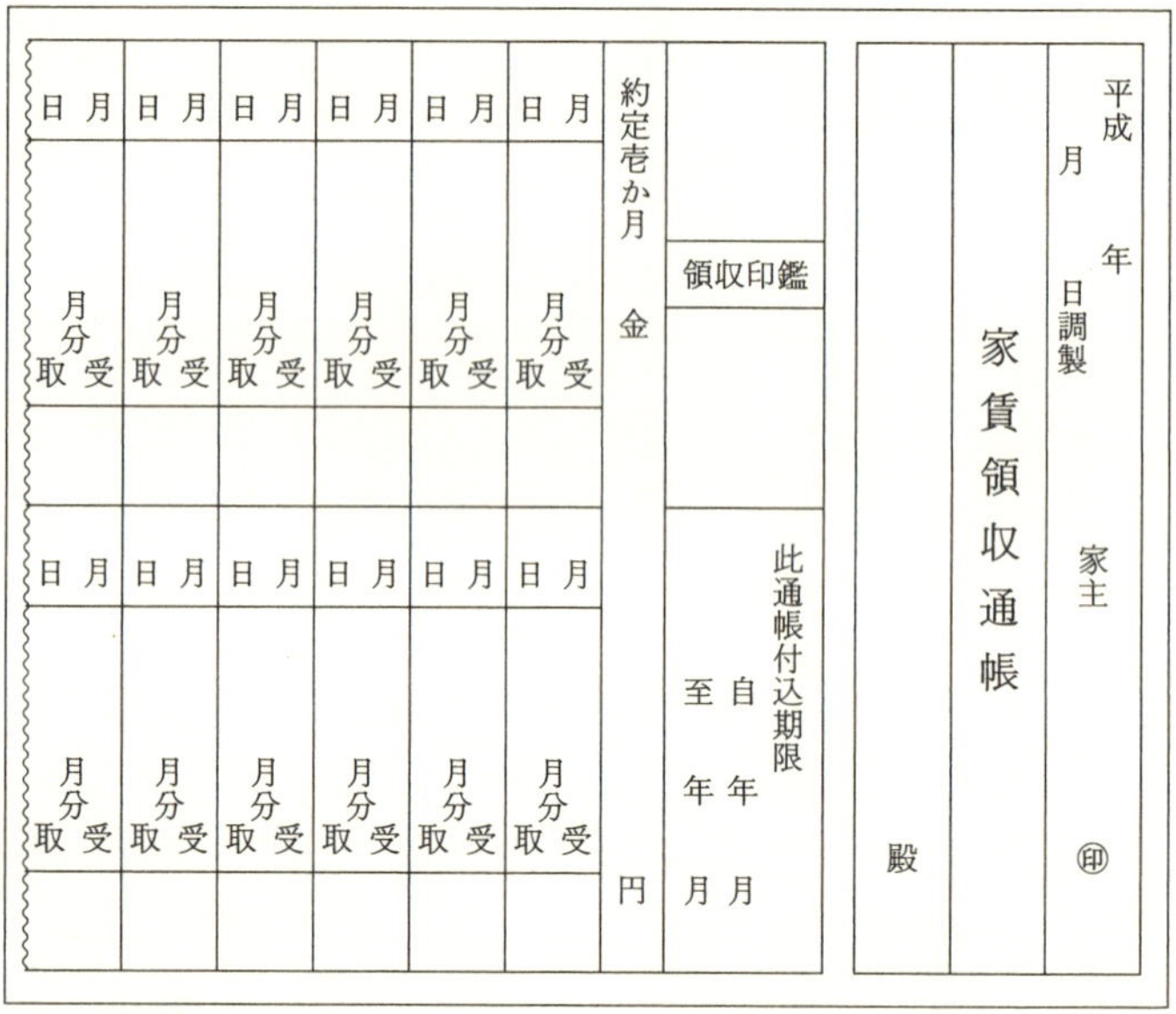
平成　年　月　日調製　家主　㊞

家賃領収通帳

殿

此通帳付込期限
自　年　月
至　年　月

領収印鑑

約定壱か月　金　　円

月　日	月　日	月　日	月　日	月　日	月　日
月分 受取	月分 受取	月分 受取	月分 受取	月分 受取	月分 受取
月　日	月　日	月　日	月　日	月　日	月　日
月分 受取	月分 受取	月分 受取	月分 受取	月分 受取	月分 受取

り、一年間の付込みに対して、四〇〇〇円の印紙をはる必要があるのです。

■判取帳とは

印紙をはらなければならない文書に、「判取帳」といわれるものがあります。

判取帳とは、印紙税法別表第一の課税物件表の第二十号で定義づけられています。

それによると、「判取帳とは、第一号、第二号、第十四号または第十七号に掲げる文書により証されるべき事項につき二以上の相手方から付込み証明を受ける目的をもって作成する通帳をいう。」とされています。

つまり、不動産の売買契約、運送契約、請負契約、金銭や有価証券の寄託契約の成立などの事実や、金銭や有価証券の受取り事実について、二以上の相手方から継続的に付込み

（表紙）

自 平成○○年○月○日
至 平成○○年○○月○○日

青果代金受取通帳

○○青果市場株式会社

（2枚目以下）

受取年月日	受取金額		受取人	印	摘要
平成 年 月 日	千	円			
平成 年 月 日					
平成 年 月 日					
平成 年 月 日					
平成 年 月 日					
平成 年 月 日					

証明を受けるための帳簿ということです。

K青果市場の経理担当者は、青果出荷主への青果代金の支払に当たって、青果出荷主から一人一人各別に、支払青果代金の受取書を提出してもらうのは事務手続上繁さであることから、上記の「青果代金受取通帳」を作成し、青果代金を出荷主が受け取ったつど、その受取通帳に、受取年月日、受取金額および受取人を記載してもらい、その右欄に受取印を押なつしてもらうことにしています。

また、H証券会社では、顧客との株式売買代金の受渡しに当たって、「株式売買代金受渡通帳」を作成し、株式売買代金の受領者から、その受渡通帳に、受取年月日、受取金額および受取人を記載し、受領印を押なつしてもらうことにしています。

これらの「青果代金受取通帳」や「株式売

買代金受渡通帳」は、K青果市場やH証券会社と特定の相手方との間における青果代金や株式の売買代金の受領事実を継続して付込み証明するものであれば、印紙税法別表第一の課税物件表の第十九号に掲げられている「その他の通帳」となり、一年一冊の付込みに対して四〇〇円の印紙をはることになります。

しかし、これらの受取通帳は、K青果市場やH証券会社が二以上の相手方から、青果代金または株式売買代金の受取り事実を継続して付込み証明を受けるものですから、「判取帳」として、一年一冊の付込みに対して四、〇〇〇円の印紙をはることになります。

もっとも、その一回の付込みが一〇〇万円を超え、その受け取ることになる金銭が売上代金についてのものであるときには、その部分について、「その他の通帳」または「判取帳」とは別に、売上代金についての金銭の受取書を作成したものとして、印紙を別にはることになります。

このような通帳や判取帳に当てはまる例としては、工事請負代金の受渡しとか会社が得意先に対して売買代金の支払に当たって作成するものがありますが、それが一般に通帳や判取帳といわないルーズリーフ式のノートであっても、その記載内容によって「その他の通帳」や「判取帳」となりますから、十分その内容を検討する必要があります。

ただ、ルーズリーフ式のノートの場合は、用紙の出し入れが自由であり、枚数も一定していないため、一枚一枚が通帳や判取帳と指摘されることもあります。あらかじめ使用開始にあたって、全体が何枚であり、その一枚一枚に番号を付するなど、全体として一冊の帳簿であることを明確にしておく必要があります。

六　課税廃止になった物品売買契約書や委任契約書など

もう大分古い話になりますが、ここで、平成元年四月一日から印紙をはる必要のなくなった文書について述べておきましょう。

昭和六十三年の消費税の導入などを柱とした税制改革の際に、印紙税法についても改正が行われました。

平成元年四月一日以降、それまで印紙税法別表第一の課税物件表に掲げられていた文書のうち、第四号の物品切手――商品券、景品券、ビール券など――、第十四号の永小作権、地役権、質権、抵当権、租鉱権、採石権、漁業権又は入漁権の設定または譲渡に関する契約書および無体財産権の実施権または使用権の設定または譲渡に関する契約書――質権設定契約書、抵当権設定契約書、特許権実施権設定契約書、商標権使用契約書など――、第十六号の賃貸借または使用貸借に関する契約書――賃貸借契約書、使用貸借契約書など――、第十七号の委任状または委任に関する契約書――委任状、委任契約書、業務委託契約書、研究委嘱契約書など――、第十九号の物品または有価証券の譲渡に関する契約書――物品売買契約書、物品注文請書、物品売約書、有価証券売買契約書など――には、印紙をはる必要はなくなりました。

印紙税の課税される文書に印紙をはり忘れることも問題ですが、前から印紙税が課税されているからといって課税が廃止されたことも知らずに、マンネリで印紙をはっているのもどうかと思います。

ただ、ここで注意しておきたいのは、このように五グループにあてはまる文書が平成元年四月一日から課税廃止となったのですが、このうち、賃貸借に関する契約書については、土地に関するものは依然として印紙をはる必要があり、印紙をはる必要がなくなったのは、土地以外のもの、例えば、建物や機械器具、什器備品などの賃貸借に関するものです。

また、無体財産権、つまり、特許権や商標権などの実施権等の設定または譲渡に関する契約書については、無体財産権の実施権または使用権に関するものが課税廃止になりましたが、無体財産権そのものの譲渡に関する契約書には印紙をはることになります。

次に、委任に関する契約書については、委任が単発的なものは課税廃止になりましたが、売買の委託や売買に関する業務、金融機関の業務など一定の業務の委託を継続的に行うために作成される契約書は、継続的取引の基本となる契約書になって、一通につき四、〇〇〇円の印紙をはる必要のものがあります。

さらに、物品または有価証券の譲渡に関する契約書についても、単発的な物品または有価証券の譲渡に関する契約書には、印紙をはる必要はなくなりましたが、営業者間において売買を継続して行うため作成される契約書は、継続的取引の基本となる契約書になるものがあり、印紙をはる必要があります。

また、これらの課税廃止となった文書に、一義的にあてはまるものであっても、その文書の記載内容において、例えば、金銭や有価証券の寄託や受領事実の証明など、他の課税となるべきことがらが記載されている場合には、印紙をはることになりますから、十分注意する必要があります。

Part7

印紙のはりすぎ、はり忘れ、過怠税

一　印紙税の納め方

印紙税は、原則として、印紙税のかかる文書に印紙をはって納め、それに作成者が消印します。

印紙税の納付方法としては、印紙による方法のほか、株券や出資証券のように一時に多量の課税文書を作る場合や、領収書や債権売買契約書、預金通帳のように継続して作る課税文書については、いちいち印紙をはることが面倒であり、そのはり付けの事務を簡略化することから、その印紙税を現金で納付し、課税文書には現金で印紙税を納付している旨の一定の表示をする方法があります。

現金で印紙税を納付する方法としては、

① 税務署に持参して「税印」という一定の浮かし彫りをする方法（どこの税務署でもできるとは限らず、特定の税務署に限られます。）

② 印紙税納付計器という機械を税務署長の承認を受けて設置し、その機械により「納付印」という印を押す方法（印紙税納付計器は自己の負担で設置することになります。）

③ あらかじめ税務署長に申請して承認を受け、文書に一定の表示をし、その後発行枚数を申告して、それに見合う印紙税を納付する方法

④ 預金通帳について、あらかじめ税務署長の承認を受けて毎年四月一日現在の口座数を申告し

て、それに見合う印紙税を納付する方法があります。

このように、一時に多量に作成するものや継続して作成するもの、普通預金通帳などの預金通帳については、印紙のはり付けに代えて現金で納付する特別の納付方法がありますから、このような文書を作成するときは、税務署にその納付方法を相談するのがよいでしょう。

二 印紙の消印

印紙税が課税される文書に印紙をはって印紙税を納める場合には、その文書と印紙の彩紋にかけて、判明にその印紙を消さなければなりません。

文書と印紙の彩紋にかけてその印紙を消す方法は、文書の作成者やその代理人、使用人その他の従業者の印章や署名によることとされています。

印紙の消印は、はり付けた印紙をはがして再使用することを防止するために行うもので、印紙と文書の面にかけて作成者がその者の印鑑を押すことにより消印するのが一般的ですが、署名でもよいし、また、会社が作成者の場合には、必ずしも社長印でなくてもよく、担当者である経理課長や営業担当者の印鑑でもよいことになっています。

また、それに使用する印章は、通常印判といわれるもののほか、氏名、名称などを表示した日付印、役職名、名称などを表示したゴム印のようなものでもよいことになっています。

署名は自筆によるものをいいますが、その表示は氏名をあらわすものでも、通称や商号のようなものでもよいことになっています。ただ、単に、㊞と表示したり、斜線を引いたものは、印章によるものでも署名でもありませんので、消印したことにはなりません。

印紙は判明に消すことになっていますから、一見してだれが消印したかが明らかになる程度に印章を押したり、署名することが必要で、それが通常の方法では消印を消し去ることができないことが必要です。したがって、鉛筆で署名したもののように簡単に消し去ることができるものは、消印したことにはなりません。

所定の方法で印紙をはったものの、所定の方法で消印しなかった場合は、その印紙の額と同額の過怠税がかかります。

二人以上、複数の人が共同して作成した文書にはった印紙の消印は、その作成者のうち、だれか一人の者が消せばよいことになっていて、例えば、甲と乙とが共同して作成した契約書については、甲と乙の双方が消印しても甲と乙のどちらか一人が消印してもかまいません。

三　印紙のはりすぎ、はりまちがい

印紙税のかかる文書に印紙をはりすぎたり、印紙税のかからない文書に印紙をはったり、あるいは印紙税のかかる文書としてあらかじめ印紙をはった後使用しなかったり、さらには記載内容に間違いがあったりして、はった印紙がむだになるときがあります。

このようなときには、そのはりすぎたり、はりまちがった印紙をはった状態のまま文書を税務署に持って行けば、その印紙に相当する金額が返してもらえます。

ここで注意すべき点は、税務署から返してもらえるのは、あくまで印紙税を納める必要がある文書に印紙税として納めるために印紙をはりすぎた場合や印紙税を納める必要がない文書にまちがって印紙税を納めるために印紙をはってしまった場合に限られるということです。

印紙は、登録免許税や各種の国の手数料として、登録申請書類や受験願書などにもはりますが、登録免許税や各種の国の手数料としてはった印紙は、印紙税として納めたものではありませんから、これを税務署に持って行っても、そのはった印紙に見合う金額は返してもらえません。

印紙税を納めるためにはったものでなければ返してもらえないのです。

また、買いすぎたり、不要になった印紙を、そのまま税務署に持っていっても、印紙税として納めているものではありませんので、このようなときも返してもらえません。ただ、郵便局では収入印紙の交換制度があります。

四　はり忘れには過怠税

印紙税がかかる文書に印紙をはらなかった場合は、そのはらなかったことが、うっかり忘れたときや、はらなければならなかったことについて全く知らなかったときであっても、過怠税という税金がかかります。

過怠税ははるべき印紙の額の原則三倍となっています。

一万円の印紙をはるべき文書に印紙をはらなかったことがみつかりますと、一万円の三倍、三万円という過怠税がかかるわけです。

また、この過怠税は、はっていない現物のものだけではなく、実際にそのはっていない現物が手許にない場合でも、印紙のはっていない文書が発行されている限り、その文書の通数によって過怠税がかかります。

印紙は、その文書を作成するときまでにはることになっています。したがって、後日はり忘れに気づき印紙をはったとしても、そのはり付けは作成後ということになりますから、それは印紙税を正当に納付したことにはなりません。

ただ、税務調査でみつかる前に印紙をはっていないことに気付き、その文書が手許にあるときには、後日気付いたときに、その文書に印紙をはっているのが現実で、実際にはこれをもって税務調査でとやかくいわれることはないでしょう。

これに対し、税務調査があることを知って、あるいは税務調査で指摘されて、あたふたとはった場合には、過怠税の対象とされても致し方はないでしょう。

税務調査を受ける前に印紙をはっていないことに気付いた場合には、税務署に自主的に申し出ることにより、三倍の過怠税が一・一倍、すなわち、一万円の印紙をはるべきものにはっていないときは、一万円の一・一倍の一万一、〇〇〇円の過怠税ですみます。

印紙税をはるべき文書に印紙をはらないで、多数の人に交付してしまい、あとで印紙をはらなければならないと気付いても、はるべき文書が手許になく、どこかで見付かり過怠税をとられるのではないかと心配するときがありますが、このようなときには自主的に税務署に申し出るべきでしょう。

しかし、この申出も、税務調査のあることを知ってなされた場合は、原則として三倍となります。

印紙税そのものは、会社や個人の所得の計算上、損金や必要経費となりますが、過怠税は、その所得の計算上、損金や必要経費にはなりません。

そのため、過怠税を徴収されることになったときには、その過怠税は益金処分となって負担はかなりのものとなります。

いずれにせよ、正しく印紙をはることが、負担を少なくする近道であるということがいえましょう。

Part8

軽減税率が適用される不動産譲渡契約書、建設工事請負契約書

一　軽減税率が適用される契約書

■記載された契約金額が一定の金額を超えるものに適用

最後になりましたが、ここで、平成九年度の税制改正およびこれに伴うその後の税制改正において実施されている不動産の譲渡に関する契約書等に対する印紙税の税率の軽減措置にふれておきます。

平成九年度の税制改正およびこれに伴うその後の税制改正において、住宅・土地等の取引の活性化を図るというようなことから、平成九年四月一日から平成三十二年三月三十一日までの間に作成される「不動産の譲渡に関する契約書」と建設工事の請負に係る「請負に関する契約書」のうち、その契約書に記載された契約金額が一定の金額（平成二十六年四月一日から平成三十二年三月三十一日までに作成されるもののうち、「不動産の譲渡に関する契約書」にあっては十万円、建設工事の請負に係る「請負に関する契約書」にあっては百万円。）を超えるものについては、はるべき印紙の額が軽減されています。軽減されている印紙税額については二五九ページの「印紙税額一覧表」をみてください。

このうち、請負に関する契約書は、建設工事の請負に係る契約に基づくものに限られますが、この建設工事とは、建設業法の第二条第一項に規定する建設工事をいうとされています。

そして、この建設工事は土木建築に関する工事で、その第二条第一項の別表第一の上欄に掲げる工事をいい、具体的には、昭和四十七年の建設省告示に内容が定められています。

■建設工事の具体的範囲

それによりますと、その建設工事の具体的範囲は、次ページのとおりで、これにあてはまる建設工事の請負に関する契約書がこの軽減税率の適用の対象になるということです。

このことから、建築物などの設計や建設機械の保守、船舶の建造、機械器具の製造・修理などは、この建設工事には入りません。

また、この建設工事にあてはまる工事によって工作物などを取付け、あるいは設置した設備、機械器具などについてのその後の保守や修理は建設工事そのものではありませんから、ここにいう建設工事にはなりませんが、このような設備や機械器具などを修理などのために工作物などから取りはずしたうえ、修理などを行ったのちに工作物などに取り付けたり設置したりするのは、この取付けや設置する工事はここにいう建設工事になります。

建設業法（抜粋）

（昭和二十四年五月二十四日 法律第百号）
（最終改正平成二十九年六月二日 法律第四五号）

（定義）

第二条 この法律において「建設工事」とは、土木建築に関する工事で別表第一の上欄に掲げるものをいう。（第二項から第五項まで省略）

別表第一

土木一式工事	土木工事業
建築一式工事	建築工事業
大工工事	大工工事業
左官工事	左官工事業
とび・土工・コンクリート工事	とび・土工工事業
石工事	石工事業
屋根工事	屋根工事業
電気工事	電気工事業

管工事	管工事業
タイル・れんが・ブロック工事	タイル・れんが・ブロック工事業
鋼構造物工事	鋼構造物工事業
鉄筋工事	鉄筋工事業
舗装工事	舗装工事業
しゅんせつ工事	しゅんせつ工事業
板金工事	板金工事業
ガラス工事	ガラス工事業
塗装工事	塗装工事業
防水工事	防水工事業
内装仕上工事	内装仕上工事業
機械器具設置工事	機械器具設置工事業
熱絶縁工事	熱絶縁工事業
電気通信工事	電気通信工事業
造園工事	造園工事業
さく井工事	さく井工事業
建具工事	建具工事業
水道施設工事	水道施設工事業

消防施設工事	消防施設工事業
清掃施設工事	清掃施設工事業
解体工事	解体工事業

建設業法第二条第一項の別表の上欄に掲げる建設工事の内容

（昭和四十七年三月八日
建設省告示第三五〇号
最終改正平成二十九年十一月十日
国交省告示第一〇二二号）

建設業法（昭和二十四年法律第百号）第二条第一項の別表の上欄に掲げる建設工事の内容を次のとおり告示する。ただし、その効力は昭和四十七年四月一日から生ずるものとする。

建設工事の種類	建設工事の内容
土木一式工事	総合的な企画、指導、調整のもとに土木工作物を建設する工事（補修、改造又は解体する工事を含む。以下同じ。）
建築一式工事	総合的な企画、指導、調整のもとに建築物を建設する工事
大工工事	木材の加工又は取付けにより工作物を築造し、又は工作物に木製整備を取付ける工事
左官工事	工作物に壁土、モルタル、漆くい、プラスター、繊維等をこて塗り、吹付け、又ははり付ける工事
とび・土木・コンクリート工事	イ　足場の組立て、機械器具・建設資材等の重量物のクレーン等による運搬配置、鉄骨等の組立て等を行う工事 ロ　くい打ち、くい抜き及び場所打ぐいを行う工事 ハ　土砂等の掘削、盛上げ、締固め等を行う工事 ニ　コンクリートにより工作物を築造する工事 ホ　その他基礎的ないしは準備的工事

石工事	石材（石材に類似のコンクリートブロック及び擬石を含む。）の加工又は積方により工作物を築造し、又は工作物に石材を取付ける工事
屋根工事	瓦、スレート、金属薄板等により屋根をふく工事
電気工事	発電設備、変電設備、送配電設備、構内電気設備等を設置する工事
管工事	冷暖房、冷凍冷蔵、空気調和、給排水、衛生等のための設備を設置し、又は金属製等の管を使用して水、油、ガス、水蒸気等を送配するための設備を設置する工事
タイル・れんが・ブロック工事	れんが、コンクリートブロック等により工作物を築造し、又は工作物にれんが、コンクリートブロック、タイル等を取付け、又ははり付ける工事
鋼構造物工事	形鋼、鋼板等の鋼材の加工又は組立てにより工作物を築造する工事
鉄筋工事	棒鋼等の鋼材を加工し、接合し、又は組立てる工事
舗装工事	道路等の地盤面をアスファルト、コンクリート、砂、砂利、砕石等により舗装する工事
しゅんせつ工事	河川、港湾等の水底をしゅんせつする工事
板金工事	金属薄板等を加工して工作物に取付け、又は工作物に金属製等の付属物を取付ける工事
ガラス工事	工作物にガラスを加工して取付ける工事
塗装工事	塗料、塗材等を工作物に吹付け、塗付け、又ははり付ける工事
防水工事	アスファルト、モルタル、シーリング材等によって防水を行う工事
内装仕上工事	木材、石膏ボード、吸音板、壁紙、たたみ、ビニール床タイル、カーペット、ふすま等を用いて建築物の内装仕上げを行う工事

機械器具設置工事	機械器具の組立て等により工作物を建設し、又は工作物に機械器具を取付ける工事
熱絶縁工事	工作物又は工作物の設備を熱絶縁する工事
電気通信工事	有線電気通信設備、無線電気通信設備、ネットワーク設備、情報設備、放送機械設備等の電気通信設備を設置する工事
造園工事	整地、樹木の植栽、景石のすえ付け等により庭園、公園、緑地等の苑地を築造し、道路、建築物の屋上を緑化し、又は植生を復元する工事
さく井工事	さく井機械等を用いてさく孔、さく井を行う工事又はこれらの工事に伴う揚水設備設置等を行う工事
建具工事	工作物に木製又は金属製の建具等を取付ける工事
水道施設工事	上水道、工業用水道等のための取水、浄水、配水等の施設を築造する工事又は公共下水道若しくは流域下水道の処理設備を設置する工事
消防施設工事	火災警報設備、消火設備、避難設備若しくは消火活動に必要な設備を設置し、又は工作物に取付ける工事
清掃施設工事	し尿処理施設又はごみ処理施設を設置する工事
解体工事	工作物の解体を行う工事

二　軽減税率が適用になる契約書、ならない契約書

■その判定はどうする？

一通の契約書に不動産の譲渡に関する事項のみ、あるいは建設工事の請負に関する事項のみが記載されている場合には、そのままその記載されている契約金額が一定の金額（一定の金額については二二二ページ参照）を超えるものにつき、軽減税率が適用されます。

ところで、不動産の譲渡に関する事項とその他の事項が記載された一通の契約書や建設工事の請負に関する事項とその他の事項が記載された一通の契約書は、一定の方法によって印紙税法別表第一の課税物件表のいずれか一つの号にあてはまる文書となり、また、記載された契約金額、つまり、記載金額についても一定の方法によってその記載金額が計算されます。

そして、その結果によって軽減税率が適用されるかどうかを判定することになります。

メモ　一つの文書に、印紙税法別表第一の課税物件表にあてはまる二つ以上の事項が記載されているときは、その記載された事項によるいずれか一つの文書とされることになります。これが「文書の所属」の問題です。くわしくは、巻末二五二ページを参照してください。

また、記載金額については、二一七ページをみてください。

これを、具体例によって述べてみましょう。

■軽減税率が適用になる契約書

印紙税法別表第一の課税物件表の二以上の号にあてはまる一通の契約書が一つの号にあてはまることとなって、それが不動産の譲渡に関する契約書か建設工事の請負に関する契約書になるもので、記載された契約金額が一定の金額（一定の金額については二二二ページ参照）を超えるものが軽減税率が適用になる契約書になります。

したがって、不動産の譲渡に関する事項や建設工事の請負に関する事項が記載されている契約書でも、一つの号にあてはまることにより不動産の譲渡に関する契約書や建設工事の請負に関する契約書以外の契約書などにあてはまるものは、軽減税率が適用になる契約書にはなりません。

例

1　六千万円の土地売買と三千万円の建築請負が記載された契約書（第一号の一文書と第二号文書とに該当）

この契約書は、通則（印紙税法別表第一の課税物件表の通則のことをいいます。以下同じです。）3のロおよび通則4のロ(1)の規定により、記載金額六千万円の第一号の一文書（不動産の譲渡に関する契約書）に該当しますので、軽減税率が適用になる契約書になります。

2　四千万円の建築請負とその請負代金の消費貸借が記載された契約書（第一号の三文書と第

二号文書とに該当）

この契約書は、通則3のロおよび通則4のロ(1)の規定により、記載金額四千万円の第一号の三文書（消費貸借に関する契約書）に該当しますので、軽減税率が適用になる契約書にはなりません。

■同一の号の文書の場合

次に、一通の契約書に不動産の譲渡に関する事項と印紙税法別表第一の課税物件表の第一号の物件名の欄1（不動産の譲渡に関する事項は除かれます。）から4までに掲げる事項とが記載されている契約書で、記載された契約金額が一定の金額（一定の金額については二二二ページ参照）を超えるものが軽減税率が適用になる契約書になります。

なお、この第一号の文書にあてはまる契約書であっても不動産の譲渡に関する事項が記載されていないものは、軽減税率が適用になる契約書にならないことはいうまでもありません。

例

1　九百万円の建物売買と三百万円の定期借地権の売買が記載された契約書（第一号の一文書と第一号の二文書とに該当）

この文書は、不動産の譲渡に関する事項（第一号の一文書）と土地の賃借権の譲渡に関する事項（第一号の二文書）とが記載されており、通則4のイの規定により記載金額が一千二百万円の第一号文書と判定されますから、軽減税率が適用になる契約書になります。

2　五千万円の船舶の譲渡と三千万円の金銭の消費貸借が記載された契約書（第一号の一文書と第一号の三文書とに該当）

この契約書は、通則4のイの規定により、記載金額八千万円の第一号文書と判定されますが、不動産の譲渡に関する事項が記載されていませんので、軽減税率が適用になる契約書にはなりません。

■建設工事の請負に関する事項とそれ以外の請負に関する事項が記載されている文書

更に、一通の契約書に建設工事の請負に関する事項と建設工事以外の請負に関する事項が記載されている契約書で、記載された契約金額が一定の金額（一定の金額については二二二ページ参照）を超えるものは軽減税率が適用になる契約書になります。

なお、請負に関する事項が記載されている契約書であっても建設工事の請負に関する事項が記載されていないものは、軽減税率が適用になる契約書にならないことはいうまでもありません。

例

五千万円の建物の建築請負と五百万円の建物設計請負が記載された契約書（いずれも第二号文書）

この契約書は、建設工事の請負に関する事項と建設工事以外の請負に関する事項とが記載されており、通則4のイの規定により記載金額が五千五百万円の第二号文書と判定されるため、軽減税率が適用になる契約書になります。

■変更契約書や補充契約書は

ところで、変更契約書や補充契約書はどうなるのでしょうか。

変更契約書や補充契約書も印紙税法上の契約書であることには間違いなく、したがって、不動産の譲渡に関する契約の内容や建設工事の請負に関する契約の内容を変更、あるいは補充するためのものも、記載された契約金額が一定の金額（一定の金額については二二二ページ参照）を超えるものは軽減税率が適用になる契約書になります。

■軽減税率が適用にならない契約書

不動産の譲渡や建設工事の請負についての契約では、これらの契約の成立などを内容とする契約書以外に、手形や領収証などを作成する場合がありますが、これらの文書は、軽減税率が適用になりません。

例

1　土地の売買代金五千万円と建物の建築代金二千万円の支払のために振り出した額面七千万円の約束手形（課税物件表の第三号文書に該当）

2　土地の売買代金五千万円と建物の建築代金二千万円を額面七千万円の約束手形で受領した際に作成・交付する受取書（課税物件表の第一七号の一文書に該当）

3　土地・建物を購入するための資金四千万円を借り入れた際に作成・交付する金銭借用証書（課税物件表の第一号の三文書に該当）

【附　録】　印紙税のあらまし

一　課税文書

印紙税の課税対象となる文書は、印紙税法別表第一の課税物件表に掲げられています。したがって、ここに掲げられている文書に当てはまらない文書には、印紙をはる必要はありません。

印紙税法別表第一の課税物件表には、課税対象となる文書が、第一号から第二十号までに区分して掲げられています。

その範囲は、次のとおりです。

第一号文書

① 不動産、鉱業権、無体財産権、船舶もしくは航空機または営業の譲渡に関する契約書

〔文書例〕 土地売買契約書、建物売買契約書、鉱業権売買契約書、特許権譲渡契約書、船舶売買契約書、営業譲渡契約書

不動産とは、土地および土地に定着し、定着した状態で使用される建物、石垣、樹木等をいいますが、このほか、法律の規定により不動産とみなされるもの――立木、工場財団、鉱業財団、漁業財団、港湾運送事業財団、道路交通事業財団、観光施設財団――のほか、鉄道財団、軌道財団、自動車交通事業財団も、不動産に含みます。

鉱業権とは、鉱業法によって認められている権利で、採掘権と試掘権とがあり、登録されているものに

限られます。

無体財産権とは、特許権、実用新案権、商標権、意匠権、回路配置利用権、育成者権、商号および著作権をいいます。

船舶とは、船舶法にいう船舶原簿に登録を要する船舶およびこれに類する外国籍の船舶をいいます。

航空機とは、航空法にいう航空機をいいます。

営業とは、営業活動を構成している動産、不動産、債権、債務等を包括した一体的な企業組織体をいいます。

② 地上権または土地の賃借権の設定または譲渡に関する契約書

〔文書例〕 地上権設定契約書、土地賃貸借契約書、地上権譲渡契約書、土地賃貸借兼譲渡契約書、借地権譲渡契約書

地上権とは、他人の土地（地下または空間を含みます。）において工作物――建物、橋、トンネルなど――または竹木を所有するため、その土地を使用する権利をいいます。

土地の賃借権とは、土地の賃貸借契約に基づき賃借人が土地（地下または空間も含みます。）を使用収益する権利をいい、土地の賃借権の設定に関する契約書とは、土地の賃貸借に関する契約書と同じ意味です。

③ 消費貸借に関する契約書

〔文書例〕 消費貸借契約書、借用証書、限度貸付契約書

消費貸借とは、当事者の一方（借主）が、同種、同等、同量の物を返還することを約して相手方（貸主）から金銭その他の代替物を受け取ることを内容とする契約をいい、これには、準消費貸借を含みま

す。

④　運送に関する契約書

〔文書例〕　運送契約書、用船契約書、定期用船契約書

運送とは、委託により物品または人を所定の場所へ運ぶことをいい、運送に関する契約書には、用船契約書を含み、裸用船契約書は含みません。

第二号文書

請負に関する契約書

〔文書例〕　請負契約書、工事注文請書、工事請負契約書

請負とは、当事者の一方（請負人）がある仕事の完成を約し、相手方（注文者）がその仕事の結果に対して報酬を支払うことを内容とする契約をいい、完成すべき仕事の結果の有形無形を問いませんが、請負には、職業野球の選手、映画の俳優、プロボクサー、プロレスラー、演劇の俳優、音楽家、舞踊家、映画または演劇の監督、演出家またはプロデューサー、テレビジョン放送の演技者、演出家またはプロデューサーが、役務の提供を約することを内容とする契約を含みます。

また、いわゆる製作物供給契約書のように、「請負に関する契約書」と「不動産の譲渡に関する契約書」または「物品の譲渡に関する契約書」との判別が明確にできないものについては、契約当事者の意思が仕事の完成に重きをおいているか、不動産または物品の譲渡に重きをおいているかによって、そのいずれであるかを判断します。

第三号文書

約束手形または為替手形

〔文書例〕　約束手形、為替手形

約束手形または為替手形とは、手形法にいう約束手形または為替手形たる効力を有する証券をいい、振出人またはその他の手形当事者が他人に補充させる意思をもって未完成のまま振り出した白地手形というものも、これに含まれます。

白地手形については、手形金額の記載のないものは、手形金額の補充の際に補充をした者が手形の作成者とみなされます。また、その他の白地手形については、その振出人（振出人以外の者が作成したものについては、その作成者）が他人に交付するときが作成の時期であり、振出人の署名を欠くもので、引受人またはその他の手形当事者の署名のあるものは、それらの者がその手形を作成したことになります。

第四号文書

株券、出資証券もしくは社債券または投資信託、貸付信託、特定目的信託もしくは受益証券発行信託の受益証券

〔文書例〕　株券、出資証券、社債券、投資信託受益証券、貸付信託受益証券

出資証券とは、相互会社の作成する基金証券および法人の社員または出資者たる地位を証する文書をいい、投資証券を含みます。

社債券には、特別の法律により法人の発行する債券——農林債券、商工債券など——および相互会社の社債券を含みます。

第五号文書

合併契約書または吸収分割契約書もしくは新設分割計画書

〔文書例〕　合併契約書、吸収分割契約書、新設分割計画書

合併契約書は、株式会社（特例有限会社を含む。）、合名会社、合資会社、合同会社および相互会社が締結する合併契約を証する文書に限られます。

吸収分割契約書および新設分割計画書は、株式会社および合同会社が吸収分割または新設分割を行う場合の吸収分割契約を証する文書または新設分割計画を証する文書に限られます。

吸収分割契約書に記載されている吸収分割承継会社が吸収分割会社から承継する財産のうちに、例えば不動産に関する事項が含まれている場合であっても、その吸収分割契約書は第一号の一文書（不動産の譲渡に関する契約書又は営業に関する契約書）には該当しません。

第六号文書

定　款

〔文書例〕　定　款

定款は、株式会社、合名会社、合資会社、合同会社または相互会社の設立のときに作成する定款の原本に限られます。

第七号文書

継続的取引の基本となる契約書

〔文書例〕　特約店契約書、売買取引基本契約書、委託加工基本契約書、運送基本契約書、商取引基本契約書、再販売価格維持契約書、代理店契約書、業務委託契約書、株式事務委託契約書、銀行取引約定書、信用取引口座設定契約書、保険特約書

継続的取引の基本となる契約書とは、特約店契約書、代理店契約書、銀行取引約定書その他の契約書で、特定の相手方との間に継続的に生ずる取引の基本となるもののうち、次のものをいいます。なお、契約期間の記載があるもののうち、その契約期間が三月以内であり、かつ、更新に関する定めのない契約書は、除かれます。

① 特約店契約書その他名称のいかんを問わず、営業者の間において売買、売買の委託、運送、運送取扱いまたは請負に関する二以上の取引を継続して行うため作成される契約書で、その二以上の取引に共通して適用される取引条件のうち目的物の種類、取扱数量、単価、対価の支払方法、債務不履行の場合の損害賠償の方法または再販売価格のうちの一または二以上を定めるもの（電気またはガスの供給に関するものは除かれます。）

② 代理店契約書、業務委託契約書その他名称のいかんを問わず、売買に関する業務、金融機関の業務、保険募集の業務または株式の発行、名義書換えの事務を継続して委託するため作成される契約書で、委託される業務または事務の範囲または対価の支払方法のうちの一または二以上を定めるもの

③ 銀行取引約定書その他名称のいかんを問わず、金融機関から信用の供与を受ける者とその金融機関との間において、貸付け（手形割引および当座貸越しを含みます。）、支払承諾、外国為替その他の取引によって生ずるその金融機関に対する一切の債務の履行について包括的に履行方法その他の基本的事項を定める契約書

④　信用取引口座設定約諾書その他名称のいかんを問わず、金融商品取引業者または商品先物取引業者とこれらの顧客との間において、有価証券または商品の売買に関する二以上の取引（有価証券の売買にあっては信用取引または発行日決済取引に限られ、また、商品の売買にあっては商品市場における取引（商品清算取引を除きます。）に限られます。）を継続して委託するため作成される契約書で、その二以上の取引に共通して適用される取引条件のうち受渡しその他の決済方法、対価の支払方法または債務不履行の場合の損害賠償の方法のうちの一または二以上を定めるもの

⑤　保険特約書その他名称のいかんを問わず、損害保険会社と保険契約者との間において、二以上の保険契約を継続して行うため作成される契約書で、これらの保険契約に共通して適用される保険要件のうち保険の目的の種類、保険金額または保険料率のうちの一または二以上を定めるもの

第八号文書

預貯金証書

〔文書例〕　定期預金証書、通知預金証書

預貯金証書とは、預金証書および貯金証書をいうものとし、ここにいう預金証書または貯金証書とは、銀行その他の金融機関等で法令の規定により預金または貯金業務を行うことができる者が、預金者または貯金者との間の消費寄託の成立を証明するために作成する免責証券をいいます。

第九号文書

貨物引換証、倉庫証券または船荷証券

〔文書例〕　貨物引換証、預証券、質入証券、倉荷証券、船荷証券
貨物引換証、倉庫証券または船荷証券には、その法定記載事項の一部を欠くもので、これらの証券と類似の効用を有するものを含みます。

第十号文書

保険証券

〔文書例〕　保険証券

保険証券とは、保険者が保険契約の成立を証明するため、保険法その他の法令の規定により保険契約者に交付する書面をいいます。

第十一号文書

信用状

〔文書例〕　商業信用状、旅行信用状

信用状とは、銀行が取引銀行に対して特定の者に一定額の金銭の支払をすることを委託する支払委託書をいい、商業信用状に限らず旅行信用状を含みます。

第十二号文書

信託行為に関する契約書

〔文書例〕　信託契約書、信託証書

信託行為に関する契約書とは、信託法にいう信託契約を証する文書をいい、信託証書を含みます。

第十三号文書

債務の保証に関する契約書

〔文書例〕　債務保証契約書、保証書

債務の保証とは、主たる債務者がその債務を履行しない場合に保証人がこれを履行することを債権者に対し約することをいい、これには、主たる債務者と連帯して債務を負担する連帯保証、同一の主たる債務につき数人が保証債務を負担する共同保証を含みます。

また、主たる債務の契約書に併記した債務の保証に関する契約書は、債務の保証に関する契約書から除かれます。

なお、損害担保契約書は、債務の保証に関する契約書にはなりません。

いわゆる身元保証書、身元引受書など、「身元保証ニ関スル法律」に定める身元保証に関する契約書になる文書は印紙をはる必要はありません。

第十四号文書

金銭または有価証券の寄託に関する契約書

〔文書例〕　寄託契約書、有価証券預り証

寄託とは、受寄者が寄託者のためにある物を保管することを内容とする契約をいい、これには、消費寄託を含みます。

印紙税の課税対象となる寄託に関する契約書は、金銭または有価証券についてのものに限られ、物品の寄託に関する契約書――例えば、物品寄託契約書、物品預り証など――は印紙をはる必要はありません。

第十五号文書

債権譲渡または債務引受けに関する契約書

〔文書例〕 債権譲渡契約書、債務引受契約書、電話加入権譲渡契約書

債権譲渡とは、債権をその同一性を失わせないで、旧債権者から新債権者へ移転させることをいいます。

債務引受けとは、債務をその同一性を失わせないで、債務引受人に移転することをいいます。

第十六号文書

配当金領収証または配当金振込通知書

〔文書例〕 配当金領収証、配当金振込通知書、配当金振込票

配当金領収証とは、配当金領収書その他名称のいかんを問わず、配当金の支払を受ける権利を表彰する証書または配当金の受領の事実を証するための証書をいいます。

配当金振込通知書とは、配当金振込票その他名称のいかんを問わず、配当金が銀行その他の金融機関にある株主の預貯金口座その他の勘定に振込み済みである旨を株主に通知する文書をいいます。

第十七号文書

①　売上代金に係る金銭または有価証券の受取書

〔文書例〕　商品販売代金受取書、土地売買代金受取書、建物賃貸料受取書、請負代金の受取書、受取書、領収書、入金通知書

②　金銭または有価証券の受取書で①以外のもの（売上代金以外の金銭または有価証券の受取書）

〔文書例〕　貸付金受取書、保険金受取書

金銭または有価証券の受取書のうち記載金額が一〇〇万円を超えるものについては、売上代金に係るものとそれ以外のものとでは、印紙税額が異なります。したがって、このような受取書については、その記載内容により売上代金に係る金銭または有価証券の受取書か、それ以外の金銭または有価証券の受取書かを判断しなければなりません。

金銭または有価証券の受取書とは、金銭または有価証券の引渡しを受けた者が、その受領事実を証明するために作成し、その引渡者に交付する単なる証拠証書をいい、文書の標題、形式がどのようなものであっても、また、「相済」、「了」などの簡略な文言を用いたものであっても、その作成目的が当事者間で金銭または有価証券の受領事実を証するものであるときは、金銭または有価証券の受取書になります。

売上代金に係る金銭または有価証券の受取書とは、資産を譲渡しもしくは使用させること（その資産に係る権利を設定することを含みます。）または役務を提供することによる対価（手付けを含み、金融商品取引法に規定する有価証券などの譲渡の対価、保険料、公社債の利子、預貯金の利子などを除きます。）として受け取る金銭または有価証券の受取書をいいます。

第十八号文書

預貯金通帳、信託行為に関する通帳、銀行もしくは無尽会社の作成する掛金通帳、生命保険会社の作成する保険料通帳または生命共済の掛金通帳

〔文書例〕　普通預金通帳、定期預金通帳、当座預金入金帳、勤務先預金通帳、信託通帳、保険料通帳

預貯金通帳とは、法令の規定により預金または貯金業務を行う銀行その他の金融機関などが、預金者または貯金者との間における継続的な預貯金の受払いなどを連続的に付け込んで証明する目的で作成する通帳をいい、会社などが労働基準法第十八条第四項または船員法第三十四条第三項に規定する預金を受け入れた場合に作成する勤務先預金通帳も、預貯金通帳になります。

信託行為に関する通帳とは、信託会社が、信託契約者との間における継続的財産の信託関係を連続的に付け込んで証明する目的で作成する通帳をいいます。

銀行または無尽会社の作成する掛金通帳とは、銀行または無尽会社が、掛金契約者または無尽掛金契約者との間における掛金または無尽掛金の受領事実を連続的に付け込んで証明する目的で作成する通帳をいいます。

生命保険会社の作成する保険料通帳とは、生命保険会社が、保険契約者との間における保険料の受領事実を連続的に付け込んで証明する目的で作成する通帳をいいます。

生命共済の掛金通帳とは、農業協同組合その他の法人が生命共済に係る契約に関し作成する掛金通帳で、農業協同組合法第十条第一項第十号の事業を行う農業協同組合または農業協同組合連合会が死亡または生存を共済事故とする共済（建物その他の工作物または動産について生じた損害をあわせて共済事故とするものを除きます。）に係る契約に関して作成する通帳をいいます。

これらの通帳について、これを**一年以上にわたって継続して使用する場合**には、その通帳に最初の付込みをした日から一年を経過した日以後の最初の付込みがあったときに、新たに別のこれらの通帳を作成したことになります。

第十九号文書

第一号、第二号、第十四号または第十七号に掲げる文書により証されるべき事項を付け込んで証明する目的をもって作成する通帳（第十八号文書になる文書を除きます。）

〔文書例〕　消費貸借通帳、請負通帳、受取通帳、家賃通帳、地代領収通帳、買受通帳

通帳とは、二者の間における財産上の取引の事実について、その取引のつどその当事者の一方が相手方に対して、その取引関係を付け込む目的で作成する帳簿をいい、印紙をはる必要のある通帳は、通帳といわれるもののうち、その付け込むこととなる事実が、不動産、鉱業権、無体財産権、船舶、航空機または営業の譲渡、地上権または土地の賃借権の設定または譲渡、消費貸借、運送、請負、金銭または有価証券の寄託、金銭または有価証券の受取りの場合の通帳です。

これらの通帳についても、さきの預貯金通帳などと同様に、これを一年以上にわたって継続して使用する場合には、その通帳に最初の付込みをした日から一年を経過した日以後の最初の付込みがあったときに、新たに別のこれらの通帳を作成したことになります。

また、これらの通帳に、不動産、鉱業権、無体財産権、船舶、航空機または営業の譲渡、地上権または土地の賃借権の設定または譲渡、消費貸借、運送に関する事項の付込みがされた場合において、その付込みされた事項に係る記載された契約金額が一〇万円（租税特別措置法第九十一条第一項に規定する不動産

譲渡契約書である場合にあっては五〇万円）を超えるとき、請負に関する事項の付込みがされた場合において、その付込みされた事項に係る記載された契約金額が一〇〇万円（租税特別措置法第九十一条第一項に規定する建設工事請負契約書である場合にあっては二〇〇万円）を超えるとき、および売上代金に係る金銭または有価証券の受領事実の付込みがされた場合において、その付込みされた事項に係る記載された受取金額が一〇〇万円を超えるときは、その付込みされた事項に係る部分については、その通帳への付込みがなく、それぞれの付込みに係る契約書など――例えば、消費貸借に関する事項を付け込む場合で、その付込みされた事項に係る契約金額が五〇万円であるときは、消費貸借に関する契約書――が作成されたことになります。

第二十号文書

判取帳

〔文書例〕　判取帳

判取帳とは、不動産、鉱業権、無体財産権、船舶、航空機または営業の譲渡、地上権または土地の賃借権の設定または譲渡、消費貸借、運送、請負、金銭または有価証券の寄託、金銭または有価証券の受取りの事項につき二以上の相手方から付込み証明を受ける目的をもって作成する帳簿をいいます。

判取帳についても、さきの第十九号文書と同様に、一年以上にわたって継続して使用する場合、あるいは一定の事項の付込みをする場合で一定の金額を超える場合（前ページ参照）は、新たに別の判取帳または契約書などが作成されたものとみなされます。

二　非課税文書

印紙税の課税対象は、印紙税法別表第一の課税物件表に掲げられている文書です。したがって、この課税物件表に掲げられている文書にあてはまらない文書は、もとより印紙税の課税対象外です。

ところで、印紙税法別表第一の課税物件表に掲げられている文書のうちにも、零細なもの、公共性をもつもの、その他社会政策上または経済政策上、印紙税を課することが適当でないものがあり、これらの文書については、印紙税を課さないことにしています。

印紙税を非課税とする文書は、印紙税法に規定しているものと特別法に規定しているものとがあります。

印紙税法においては、課税対象の一部を非課税とするもの、例えば、約束手形、為替手形のうちその記載された手形金額が一〇万円未満のもの、金銭または有価証券の受取書のうちその記載された受取金額が五万円未満のものなどについては、同法別表第一の課税物件表の非課税物件の欄に、その文書が掲げられています。また、国、地方公共団体又は一定の法人の作成する文書については、すべて非課税とされていますが、この一定の法人については、同法別表第二の非課税法人の表に掲げられています。さらに、特定の者の作成する特定の文書を非課税とするもの、例えば、日本銀行、日本銀行代理店、都道府県の指定金融機関等が作成する国庫金または公金の取扱いに関する文書などについては、同法別表第三の非課税文書の表に、その文書と文書の作成者が掲げられています。

特別法において印紙税を非課税とする文書については、それぞれの法律に規定されています。例えば、健康保険法第一九五条では、「健康保険に関する書類には、印紙税を課さない。」として健康保険に関する書類が、また、労働者災害補償保険法第四十四条では、「労働者災害補償保険に関する書類には、印紙税を課さない。」として労働者災害補償保険に関する書類がそれぞれ非課税とされています。

また、租税特別措置法において都道府県が行う高等学校の生徒に対する学資としての資金の貸付けに係る消費貸借契約書等、自然災害の被災者が作成する代替建物の取得又は新築などに係る不動産譲渡契約書等及び公的貸付機関等が激甚災害により被害を受けた者に対して行う金銭の貸付けに係る消費貸借契約書が、それぞれ非課税とされています。

(注) 東日本大震災の被災者等に係る国税関係法律の臨時特例に関する法律において東日本大震災により被害を受けた者に対して行う特別貸付けに係る消費貸借に関する契約書等が、平成二十三年三月十一日から一定の日まで非課税とされています。

三　文書の所属

印紙税の課税対象は、印紙税法別表第一の課税物件表に掲げられている文書です。

ところで、ある文書に単一の事項が記載されている場合は、その記載の内容によってこの課税物件表に掲げられている文書に当てはまるかどうか、当てはまるとした場合にどの号に所属することとなるか——例えば、土地の売買契約の成立の事実を記載している文書は、課税物件表の第一号の「不動産の譲渡に関する契約書」(第一号文書)に所属することとなります——を判断することになりますが、一つの文書に二以上の事項が記載された文書も、いずれか一つの号に所属することとなります。

(1)　**一つの文書に同時に二以上の事項が記載された文書**

まず、一つの文書に同時に二以上の事項が記載された文書を区分してみると、次の三つに区分することができ、このような文書はそれぞれの号に所属することとなります。

①　その文書に課税物件表の二以上の号に掲げる文書により証されるべき事項が併記され、または混合して記載されている場合

〔例〕

不動産および債権売買契約書　　第一号文書と第十五号文書

②　その文書に課税物件表の一または二以上の号に掲げる文書により証されるべき事項とその他の事項が併記され、または混合して記載されている場合

〔例〕

イ　土地売買および建物移転補償契約書　　第一号文書とその他の文書

ロ　保証契約のある消費貸借契約書　　第一号文書とその他の文書

③　その文書に記載されている一の内容を有する事項が、課税物件表の二以上の号に掲げる文書により証されるべき事項に同時に当てはまる場合

〔例〕

継続する請負についての基本的な事項を定めた契約書　　第二号文書と第七号文書

(2)　**所属の決定**

次に、このようにしていくつかの号に所属することとなった文書は、具体的には、次のようにして、最終的に所属することとなる一つの号が決まります。

① 第一号文書と第三号から第十七号までの文書に当てはまる文書（ただし、③または④に当てはまる文書を除きます。）→第一号文書

〔例〕

不動産および債権売買契約書→（第一号文書と第十五号文書）→第一号文書

② 第二号文書と第三号から第十七号までの文書に当てはまる文書（ただし、③または④に当てはまる文書を除きます。）→第二号文書

〔例〕

工事請負およびその工事の手付金の受取り事実を記載した契約書→（第二号文書と第十七号文書）→第二号文書

③ 第一号文書または第二号文書で契約金額の記載のないものと第七号文書に当てはまる文書→第七号文書

〔例〕

イ 継続する物品運送についての基本的な事項を定めた記載金額のない契約書→（第一号文書と第七号文書）→第七号文書

ロ 継続する請負についての基本的な事項を定めた記載金額のない契約書→（第二号文書と第七号文書）→第七号文書

④ 第一号文書または第二号文書と第十七号文書とに当てはまる文書のうち、その文書に一〇〇万円をこえる売上代金に係る受取金額が記載されていて、その受取金額がその文書に記載された契約金額（二以上ある場合は合計金額）をこえるものまたは契約金額の記載のないもの→第十七号の一文書

〔例〕　請負工事契約書（請負工事代金は別途定めることとし、手付金三〇〇万円を受け取った旨の記載があるもの）→（第二号文書と第十七号の一文書）→第十七号の一文書

⑤　第一号文書と第二号文書に当てはまる文書（ただし、⑥に当てはまる文書を除きます。）→第一号文書

〔例〕

イ　機械製作およびその機械の運送契約書→（第一号文書と第二号文書）→第一号文書

ロ　請負およびその代金の消費貸借契約書→（第一号文書と第二号文書）→第一号文書

⑥　第一号文書と第二号文書に当てはまる文書で、その文書にそれぞれの契約金額が区分記載されており、かつ、第二号文書についての契約金額が第一号文書についての契約金額をこえる場合→第二号文書

〔例〕

イ　機械の製作およびその機械の運送契約書（機械製作費二〇万円、運送料一〇万円と区分記載されているもの）→（第一号文書と第二号文書）→第二号文書

ロ　請負およびその代金の消費貸借契約書（請負代金一〇〇万円、うち八〇万円を消費貸借の目的とすると記載されているもの）→（第一号文書と第二号文書）→第二号文書

⑦　第三号から第十七号までの二以上の号に当てはまる文書（ただし、⑧に当てはまる文書を除きます。）→最も号数の少ない号の文書

〔例〕

継続する債権売買についての基本的な事項を定めた契約書→（第七号文書と第十五号文書）→第七

号文書

⑧ 第三号から第十六号までの文書と第十七号文書に当てはまる文書で、その文書に一〇〇万円を超える売上代金に係る受取金額が記載されているもの→第十七号の一文書

〔例〕

債権の売買代金二〇〇万円の受取り事実を記載した債権売買契約書→（第十五号文書と第十七号の一文書）→第十七号の一文書

⑨ 証書と通帳などに当てはまる文書（ただし、⑩、⑪または⑫に当てはまる文書を除きます。）→通帳など

〔例〕

イ 保険証券兼保険料受取通帳→（第十号文書と第十八号文書）→第十八号文書

ロ 債権売買契約書とその代金の受取通帳→（第十五号文書と第十九号文書）→第十九号文書

⑩ 契約金額が一〇万円（租税特別措置法第九十一条第一項に規定する不動産譲渡契約書である場合にあっては五〇万円）を超える第一号文書と第十九号文書または第二十号文書に当てはまる文書→第一号文書

〔例〕

イ 契約金額が一〇〇万円の不動産売買契約書とその代金の受取通帳→（第一号文書と第十九号文書）→第一号文書

ロ 契約金額が五〇万円の消費貸借契約書とその消費貸借に係る金銭の返還金および利息の受取通帳→（第一号文書と第十九号文書）→第一号文書

⑪　契約金額が一〇〇万円（租税特別措置法第九十一条第一項に規定する建設工事請負契約書である場合にあっては二〇〇万円）を超える第二号文書と第十九号文書または第二十号文書に当てはまる文書↓第二号文書

〔例〕

契約金額が一五〇万円の請負契約書とその代金の受取通帳↓（第二号文書と第十九号文書）↓第二号文書

⑫　売上代金に係る受取金額が一〇〇万円を超える第十七号文書と第十九号文書または第二十号文書に当てはまる文書↓第十七号の一文書

〔例〕

下請前払金二〇〇万円の受取り事実を記載した請負通帳↓（第十七号の一文書と第十九号文書）↓第十七号の一文書

⑬　第十八号文書と第十九号文書に当てはまる文書↓第十九号文書

〔例〕

預貯金通帳と金銭の受取通帳が一冊となった通帳↓（第十八号文書と第十九号文書）↓第十九号文書

一　　　覧　　　表

（10万円以下又は10万円以上 ････ 10万円は含まれます。
10万円を超え又は10万円未満 ･･ 10万円は含まれません。）

番号	文書の種類（物件名）	印紙税額（1通又は1冊につき）	主な非課税文書
4	**株券、出資証券若しくは社債券又は投資信託、貸付信託、特定目的信託若しくは受益証券発行信託の受益証券** （注）1　出資証券には、投資証券を含みます。 2　社債券には、特別の法律により法人の発行する債券及び相互会社の社債券を含むものとする。	記載された券面金額が 500万円以下のもの　200円 500万円を超え1千万円以下のもの　1千円 1千万円を超え5千万円以下　〃　2千円 5千万円を超え　1億円以下　〃　1万円 1億円を超えるもの　2万円 （注）株券、投資証券については、1株（1口）当たりの払込金額に株数（口数）を掛けた金額を券面金額とします。	1　日本銀行その他特定の法人の作成する出資証券 2　譲渡が禁止されている特定の受益証券 3　一定の要件を満たしている額面株式の株券の無効手続に伴い新たに作成する株券
5	**合併契約書又は吸収分割契約書若しくは新設分割計画書** （注）1　会社法又は保険業法に規定する合併契約を証する文書に限ります。 2　会社法に規定する吸収分割契約又は新設分割計画を証する文書に限ります。	4万円	
6	**定　款** （注）株式会社、合名会社、合資会社、合同会社又は相互会社の設立のときに作成される定款の原本に限ります。	4万円	株式会社又は相互会社の定款のうち公証人法の規定により公証人の保存するもの以外のもの
7	**継続的取引の基本となる契約書** （注）契約期間が3か月以内で、かつ更新の定めのないものは除きます。 （例）売買取引基本契約書、特約店契約書、代理店契約書、業務委託契約書、銀行取引約定書など	4千円	
8	**預金証書、貯金証書**	200円	信用金庫その他特定の金融機関の作成するもので記載された預入額が1万円未満のもの
9	**貨物引換証、倉庫証券、船荷証券** （注）法定記載事項の一部を欠く証書で類似の効用があるものを含みます。	200円	船荷証券の謄本
10	**保険証券**	200円	
11	**信用状**	200円	
12	**信託行為に関する契約書** （注）信託証書を含みます。	200円	
13	**債務の保証に関する契約書** （注）主たる債務の契約書に併記するものは除きます。	200円	身元保証ニ関スル法律に定める身元保証に関する契約書
14	**金銭又は有価証券の寄託に関する契約書**	200円	
15	**債権譲渡又は債務引受けに関する契約書**	記載された契約金額が1万円以上のもの　200円 契約金額の記載のないもの　200円	記載された契約金額が1万円未満のもの
16	**配当金領収証、配当金振込通知書**	記載された配当金額が3千円以上のもの　200円 配当金額の記載のないもの　200円	記載された配当金額が3千円未満のもの
17	**1　売上代金に係る金銭又は有価証券の受取書** （注）1　売上代金とは、資産を譲渡することによる対価、資産を使用させること（権利を設定することを含みます。）による対価及び役務を提供することによる対価をいい、手付けを含みます。 2　株券等の譲渡代金、保険料、公社債及び預貯金の利子などは売上代金から除かれます。 （例）商品販売代金の受取書、不動産の賃貸料の受取書、請負代金の受取書、広告料の受取書など	記載された受取金額が 100万円以下のもの　200円 100万円を超え 200万円以下のもの　400円 200万円を超え 300万円以下　〃　600円 300万円を超え 500万円以下　〃　1千円 500万円を超え1千万円以下　〃　2千円 1千万円を超え2千万円以下　〃　4千円 2千万円を超え3千万円以下　〃　6千円 3千万円を超え5千万円以下　〃　1万円 5千万円を超え　1億円以下　〃　2万円 1億円を超え　2億円以下　〃　4万円 2億円を超え　3億円以下　〃　6万円 3億円を超え　5億円以下　〃　10万円 5億円を超え　10億円以下　〃　15万円 10億円を超えるもの　20万円 受取金額の記載のないもの　200円	次の受取書は非課税 1　記載された受取金額が**5万円未満（※）**のもの 2　営業に関しないもの 3　有価証券、預貯金証書など特定の文書に追記した受取書 ※　平成26年3月31日までに作成されたものについては、記載された受取金額が3万円未満のものが非課税とされていました。
	2　売上代金以外の金銭又は有価証券の受取書 （例）借入金の受取書、保険金の受取書、損害賠償金の受取書、補償金の受取書、返還金の受取書など	200円	
18	**預金通帳、貯金通帳、信託通帳、掛金通帳、保険料通帳**	1年ごとに　200円	1　信用金庫など特定の金融機関の作成する預貯金通帳 2　所得税が非課税となる普通預金通帳など 3　納税準備預金通帳
19	**消費貸借通帳、請負通帳、有価証券の預り通帳、金銭の受取通帳などの通帳** （注）18に該当する通帳を除きます。	1年ごとに　400円	
20	**判取帳**	1年ごとに　4千円	

印　紙　税　額

平成30年5月現在（平成31年分以降の元号の表示につきましては、便宜上、平成を使用するとともに西暦を併記しております。）

番号	文書の種類（物件名）	印紙税額（1通又は1冊につき）	主な非課税文書
1	**1　不動産、鉱業権、無体財産権、船舶若しくは航空機又は営業の譲渡に関する契約書** （注）　無体財産権とは、特許権、実用新案権、商標権、意匠権、回路配置利用権、育成者権、商号及び著作権をいいます。 （例）　不動産売買契約書、不動産交換契約書、不動産売渡証書など **2　地上権又は土地の賃借権の設定又は譲渡に関する契約書** （例）　土地賃貸借契約書、土地賃料変更契約書など **3　消費貸借に関する契約書** （例）金銭借用証書、金銭消費貸借契約書など **4　運送に関する契約書** （注）　運送に関する契約書には、用船契約書を含み、乗車券、乗船券、航空券及び運送状は含まれません。 （例）　運送契約書、貨物運送引受書など	記載された契約金額が 1万円以上　10万円以下のもの　200円 10万円を超え　50万円以下　〃　400円 50万円を超え　100万円以下　〃　1千円 100万円を超え　500万円以下　〃　2千円 500万円を超え1千万円以下　〃　1万円 1千万円を超え5千万円以下　〃　2万円 5千万円を超え　1億円以下　〃　6万円 1億円を超え　5億円以下　〃　10万円 5億円を超え　10億円以下　〃　20万円 10億円を超え　50億円以下　〃　40万円 50億円を超えるもの　60万円 契約金額の記載のないもの　200円	記載された契約金額が1万円未満のもの
	上記の1に該当する「不動産の譲渡に関する契約書」のうち、平成9年4月1日から平成32年（2020年）3月31日までの間に作成されるものについては、契約書の作成年月日及び記載された契約金額に応じ、右欄のとおり印紙税額が軽減されています。 **（注）　契約金額の記載のないものの印紙税額は、本則どおり200円となります。**	**【平成26年4月1日～平成32年（2020年）3月31日】** 記載された契約金額が 1万円以上　50万円以下のもの　200円 50万円を超え　100万円以下　〃　500円 100万円を超え　500万円以下　〃　1千円 500万円を超え1千万円以下　〃　5千円 1千万円を超え5千万円以下　〃　1万円 5千万円を超え　1億円以下　〃　3万円 1億円を超え　5億円以下　〃　6万円 5億円を超え　10億円以下　〃　16万円 10億円を超え　50億円以下　〃　32万円 50億円を超えるもの　48万円 **【平成9年4月1日～平成26年3月31日】** 記載された契約金額が 1千万円を超え5千万円以下のもの　1万5千円 5千万円を超え　1億円以下　〃　4万5千円 1億円を超え　5億円以下　〃　8万円 5億円を超え　10億円以下　〃　18万円 10億円を超え　50億円以下　〃　36万円 50億円を超えるもの　54万円	
2	**請負に関する契約書** （注）　請負には、職業野球の選手、映画（演劇）の俳優（監督・演出家・プロデューサー）、プロボクサー、プロレスラー、音楽家、舞踊家、テレビジョン放送の演技者（演出家、プロデューサー）が、その者としての役務の提供を約することを内容とする契約を含みます。 （例）　工事請負契約書、工事注文請書、物品加工注文請書、広告契約書、映画俳優専属契約書、請負金額変更契約書など	記載された契約金額が 1万円以上　100万円以下のもの　200円 100万円を超え　200万円以下　〃　400円 200万円を超え　300万円以下　〃　1千円 300万円を超え　500万円以下　〃　2千円 500万円を超え1千万円以下　〃　1万円 1千万円を超え5千万円以下　〃　2万円 5千万円を超え　1億円以下　〃　6万円 1億円を超え　5億円以下　〃　10万円 5億円を超え　10億円以下　〃　20万円 10億円を超え　50億円以下　〃　40万円 50億円を超えるもの　60万円 契約金額の記載のないもの　200円	記載された契約金額が1万円未満のもの
	上記の「請負に関する契約書」のうち、建設業法第2条第1項に規定する建設工事の請負に係る契約に基づき作成されるもので、平成9年4月1日から平成32年（2020年）3月31日までの間に作成されるものについては、契約書の作成年月日及び記載された契約金額に応じ、右欄のとおり印紙税額が軽減されています。 **（注）　契約金額の記載のないものの印紙税額は、本則どおり200円となります。**	**【平成26年4月1日～平成32年（2020年）3月31日】** 記載された契約金額が 1万円以上　200万円以下のもの　200円 200万円を超え　300万円以下　〃　500円 300万円を超え　500万円以下　〃　1千円 500万円を超え1千万円以下　〃　5千円 1千万円を超え5千万円以下　〃　1万円 5千万円を超え　1億円以下　〃　3万円 1億円を超え　5億円以下　〃　6万円 5億円を超え　10億円以下　〃　16万円 10億円を超え　50億円以下　〃　32万円 50億円を超えるもの　48万円 **【平成9年4月1日～平成26年3月31日】** 記載された契約金額が 1千万円を超え5千万円以下のもの　1万5千円 5千万円を超え　1億円以下　〃　4万5千円 1億円を超え　5億円以下　〃　8万円 5億円を超え　10億円以下　〃　18万円 10億円を超え　50億円以下　〃　36万円 50億円を超えるもの　54万円	
3	**約束手形、為替手形** （注）1　手形金額の記載のない手形は非課税となりますが、金額を補充したときは、その補充をした人がその手形を作成したものとみなされ、納税義務者となります。 2　振出人の署名のない白地手形（手形金額の記載のないものは除きます。）で、引受人やその他の手形当事者の署名のあるものは、引受人やその他の手形当事者がその手形を作成したことになります。	記載された手形金額が 10万円以上　100万円以下のもの　200円 100万円を超え　200万円以下　〃　400円 200万円を超え　300万円以下　〃　600円 300万円を超え　500万円以下　〃　1千円 500万円を超え1千万円以下　〃　2千円 1千万円を超え2千万円以下　〃　4千円 2千万円を超え3千万円以下　〃　6千円 3千万円を超え5千万円以下　〃　1万円 5千万円を超え　1億円以下　〃　2万円 1億円を超え　2億円以下　〃　4万円 2億円を超え　3億円以下　〃　6万円 3億円を超え　5億円以下　〃　10万円 5億円を超え　10億円以下　〃　15万円 10億円を超えるもの　20万円	1　記載された手形金額が10万円未満のもの 2　手形金額の記載のないもの 3　手形の複本又は謄本
	①一覧払のもの、②金融機関相互間のもの、③外国通貨で金額を表示したもの、④非居住者円表示のもの、⑤円建銀行引受手形	200円	

〈著者紹介〉

木村　剛志（きむら　つよし）

略　歴　国税庁消費税課係長、同課課長補佐、国税庁長官官房国税庁監察官、その後売上税、消費税の創設・導入事務に携わり、東京国税局調査管理課長、同局消費税課長、浅草税務署長、東京国税不服審判所部長審判官、高松国税不服審判所長を経て、平成六年七月退官。現在、税理士

編著書　詳解消費税法（財経詳報社）、消費税法取扱通達逐条解説（大蔵財務協会）、消費税実例回答集（税務研究会）、消費税質疑応答集（大蔵財務協会）、印紙税実務のポイント（税務研究会）、消費税法の考え方・読み方（税務経理協会）など。

本書の内容に関するご質問は、ファクシミリ等、文書で編集部宛にお願いいたします。(fax 03-6777-3483)

なお、個別のご相談は受け付けておりません。

本書刊行後に追加・修正事項がある場合は、随時、当社のホームページにてお知らせいたします。

実務に活かす
印紙税の知識

(著者承認検印省略)

平成七年十月二十日　初　版第一刷発行
平成三十年十月一日　改訂五版第一刷発行

著　者　木村剛志

発行所　税務研究会出版局
代表者　山根　毅
一〇〇—〇〇〇五
東京都千代田区丸の内一—八—二
(鉄鋼ビルディング)
振替口座　〇〇一六〇—三—七六二二三

電話〔書籍編集〕03(6777)3463
〔書店専用〕03(6777)3466
〔書籍注文〕03(6777)3450
〈お客さまサービスセンター〉

●各事業所　電話番号一覧●

北海道	011(221)8348
東北	022(222)3858
関信	048(647)5544
神奈川	045(263)2822
中部	052(261)0381
関西	06(6943)2251
中国	082(243)3720
九州	092(721)0644

印刷・製本　株式会社朝陽会

当社 HP ⇒ https ://www.zeiken.co.jp

乱丁・落丁の場合はお取替えします

ISBN978-4-7931-2370-2